T0198675

essentials

essentials liefern aktuelles Wissen in konzentrierter Form. Die Essenz dessen, worauf es als „State-of-the-Art" in der gegenwärtigen Fachdiskussion oder in der Praxis ankommt. *essentials* informieren schnell, unkompliziert und verständlich

- als Einführung in ein aktuelles Thema aus Ihrem Fachgebiet
- als Einstieg in ein für Sie noch unbekanntes Themenfeld
- als Einblick, um zum Thema mitreden zu können

Die Bücher in elektronischer und gedruckter Form bringen das Expertenwissen von Springer-Fachautoren kompakt zur Darstellung. Sie sind besonders für die Nutzung als eBook auf Tablet-PCs, eBook-Readern und Smartphones geeignet. *essentials:* Wissensbausteine aus den Wirtschafts-, Sozial- und Geisteswissenschaften, aus Technik und Naturwissenschaften sowie aus Medizin, Psychologie und Gesundheitsberufen. Von renommierten Autoren aller Springer-Verlagsmarken.

Weitere Bände in dieser Reihe http://www.springer.com/series/13088

Irene Raehlmann

Streik im Wandel

 Springer VS

Irene Raehlmann
Otto-Friedrich-Universität Bamberg
Bamberg, Deutschland

ISSN 2197-6708   ISSN 2197-6716   (electronic)
essentials
ISBN 978-3-658-15289-5   ISBN 978-3-658-15290-1   (eBook)
DOI 10.1007/978-3-658-15290-1

Die Deutsche Nationalbibliothek verzeichnet diese Publikation in der Deutschen Nationalbibliografie; detaillierte bibliografische Daten sind im Internet über http://dnb.d-nb.de abrufbar.

Springer VS
© Springer Fachmedien Wiesbaden 2017

Gedruckt auf säurefreiem und chlorfrei gebleichtem Papier

Springer VS ist Teil von Springer Nature
Die eingetragene Gesellschaft ist Springer Fachmedien Wiesbaden GmbH
Die Anschrift der Gesellschaft ist: Abraham-Lincoln-Str. 46, 65189 Wiesbaden, Germany

Was Sie in diesem *essential* finden können

- Rückblick auf die Streiks in den Jahren 2014 und 2015 aus soziologischer Perspektive
- Einblicke in einer sich verändernde Streikkultur als Indikator gesellschaftlichen Wandels
- Übersicht über den Gestaltwandel von Gewerkschaften und Arbeitgeberverbänden und die Folgen für Tarifautonomie und Tarifverträge
- Diskussion der Unterschiede zwischen den Streiks in den Branchen der Industrie und jenen der Dienstleistung, von allem mit Blick auf die gesellschaftliche Infrastruktur
- Erörterung der unterschiedlichen Folgen dieser Streiks für die Gesellschaft insgesamt,
- für die BürgerInnen und besonders für die Erwerbstätigen

Einleitung

Bei einem Blick auf die zurückliegende Streikszene der Jahre 2014/15 wird die Erinnerung an die davon ausgelösten sozialen Turbulenzen wieder wach. Die BürgerInnen waren über die unmittelbaren, tief greifenden Folgen für ihren Alltag zunächst erstaunt, dann irritiert und schließlich verärgert, weil lang andauernd und wiederholt gestreikt wurde. Der Streik der ErzieherInnen in den Einrichtungen der Kinderbetreuung stieß anfangs auf positive Resonanz in der Gesellschaft, was für die Streiks bei der Post, der Bahn und im Flugverkehr so nicht galt. Von den Auswirkungen war die Bevölkerung höchst unterschiedlich betroffen. Vor allem bei ArbeitnehmerInnen wurde die Alltagsorganisation und die damit einhergehende routinierte und ritualisierte Praxis mehrfach und teilweise gravierend gestört, sodass sie improvisieren und oft zusätzliche Beanspruchungen bewältigen mussten. Das galt besonders für erwerbstätige Eltern. Vielfach erhärtete sich der Eindruck, bei den jüngsten Streiks habe sich im Vergleich zu früher etwas verändert, ohne jedoch genau zu wissen, was sich verändert hat. Der Wandel ist Thema dieses *„essentials"*.

Um die Veränderungen angemessen analysieren, deuten und einordnen zu können, ist es sinnvoll, sich zunächst mit früheren Streiks in der Bundesrepublik zu befassen. Bei der historisch-gesellschaftlichen Perspektive wird die Pfadabhängigkeit der zu untersuchenden Ereignisse mit ihrer organisatorischen und rechtlichen Einbettung offenkundig. Was ist darunter zu verstehen? Streiks im entwickelten Kapitalismus sind, soweit es sich um demokratisch verfasste und sozialstaatlich regulierte Wirtschaftsgesellschaften handelt, ein legitimes und zugleich legales Mittel der Auseinandersetzung zwischen Kapital und Arbeit. Diese allgemeine Feststellung ist zu konkretisieren für eine bestimmte Gesellschaft, denn die rechtlichen Regelungen unterscheiden sich von Land zu Land. Das System der industriellen Beziehungen bzw. der Arbeitsbeziehungen in der Bundesrepublik Deutschland hat sich über einen Zeitraum von mehr als hundert Jahren entwickelt und weist einen hohen Grad an Verrechtlichung auf, was auch

für das Thema Streik bedeutsam ist. In der Verrechtlichung spiegelt sich ebenfalls die historisch-spezifische Entwicklung wider. Ein allgemeiner, allein theo-
retischer Zugang bleibt daher unzureichend, wenn er nicht mit einer konkreten
gesellschaftlichen Gestaltung und einschlägigen Ereignissen vermittelt wird. Das
Konstrukt Pfadabhängigkeit beansprucht, diese sozio-historische Prägung sozialer
Ereignisse einschließlich des organisatorischen und rechtlichen Kontextes zu ver-
deutlichen.

Um den Veränderungen beim Streik auf die Spur zu kommen, sind, soweit ich
sehe, vier analytische Ebenen zu unterscheiden, die jedoch in der Realität mit-
einander verwoben, d. h. durch Wechselwirkungen verbunden sind. Die Ebenen
bilden die Rahmenbedingungen für die Untersuchung.

Die erste Ebene
betrifft die Wirtschaftsgesellschaft im globalen Wandel, der mit dem Niedergang
der sozialistischen Regime forciert einherging und noch weiterhin einhergeht.
Nicht zuletzt durch permanente Innovationen der Informations- und Kommunikationstechnologien haben sich die einzelnen Volkswirtschaften weltweit vernetzt
und Auslagerungen von einfachen, aber vermehrt auch qualifizierten Tätigkeiten
in kostengünstigere Länder sind selbstverständlich geworden, zumal die Trans-
portkosten gesunken sind. Im Zuge der Globalisierung – an sich kein neues Phä-
nomen – gewinnt das Wirtschaftsmodell der Neoklassik bzw. des Neoliberalismus
nahezu weltweit und so auch in der Europäischen Union (EU) die Deutungsho-
heit und Vorherrschaft. Das wirtschaftliche Geschehen soll über den Markt geregelt und mithin (sozial)staatliche Regulierungen reduziert werden. Die monetären
Interessen der Eigentümer, der Shareholder haben Vorrang vor denjenigen der
ArbeitnehmerInnen. Das Bemühen um einen Interessenausgleich – typisch für die
sozialstaatlich regulierten Gesellschaften bis weit in die achtziger Jahre des vergangenen Jahrhunderts – erscheint kaum mehr zeitgemäß. Die Regierungen der
Bundesrepublik haben sich diesem Sog nicht entziehen können, zumal die Wiedervereinigung und der zunehmende internationale Wettbewerb sie enorm her-
ausfordern. Unter dem Schlagwort Reform werden staatliche Unternehmen (teil)
privatisiert und/oder „verschlankt", Arbeits- und Beschäftigungsbedingungen
dereguliert und flexibilisiert. Im Zuge dessen wird sozialstaatliche Sicherheit ab-
und umgebaut.

Die zweite Ebene
behandelt den Wandel von Arbeit. Im Unterschied zu anderen entwickelten Wirtschaftsgesellschaften sind die klassischen, hochproduktiven Schlüsselindustrien

Automobil-, Maschinenbau sowie Chemieindustrie nach wie vor herausragende
Kennzeichen der Bundesrepublik Deutschland. Deren Produkte werden von jeher
international überaus wertgeschätzt und nachgefragt. Die Industrien bilden eine
wesentliche Grundlage für den materiellen volkswirtschaftlichen, ja gesellschaftlichen Reichtum. Gleichwohl ist in der Bundesrepublik wie anderswo die Entwicklung zur Dienstleistungsgesellschaft unübersehbar. Dort ist mittlerweile die
Mehrzahl der Beschäftigten in den diversen, auch industriellen Branchen tätig mit
qualitativ sehr unterschiedlichen Tätigkeiten und weit gefächerten Entgelten.

Die dritte Ebene
bezieht sich auf den sozio-kulturellen Wandel, der sich pointiert im Wandel der
Geschlechterverhältnisse zeigt. Er geht mit dem Wandel zur Dienstleistungsgesellschaft seit den siebziger Jahren des vergangenen Jahrhunderts einher. Ein vor-
herrschendes Merkmal ist die wachsende Frauenerwerbstätigkeit, die vermehrt auf
hohen Bildungs- und Ausbildungsabschlüssen gründet. Frauen sind nicht mehr länger eine Reserve, die je nach konjunktureller Lage auf dem Arbeitsmarkt erwünscht
oder verdrängt wird, sondern dauerhaft unverzichtbare Arbeitskräfte. Politische Initiativen wie der Ausbau der Kinder- und Altenbetreuung versuchen, die zeitbeding-
ten Dilemmata von Eltern zwischen Familien- und Erwerbsarbeit zu mildern.

Die vierte Ebene
thematisiert die kollektiven, organisierten Akteure der industriellen Beziehungen.
Es geht um die Gewerkschaften und die Arbeitgeberverbände. Sie handeln als
Tarifvertragsparteien branchenspezifische Verträge über Arbeitszeit und Entgelt
aus, die in den Unternehmen durch Betriebsvereinbarungen, die das tarifvertragliche Niveau über- oder neuerdings auch unterschreiten können, ergänzt werden.
Die Mehrzahl der Tarifverträge kommt ohne Streiks zustande. In den diesbezüglichen Verhandlungen versuchen Management und Betriebsrat, den einzelwirt-
schaftlichen Belangen verstärkt Rechnung zu tragen. In den letzten Jahrzehnten
haben sich die Gewerkschaften und die Arbeitgeberverbände grundlegend verändert, vor allem mit Blick auf die Mitgliederzahl und -struktur sowie die organisatorische Gestaltung, was auch Folgen für die Tarifverhandlungen hat.
    Diese Rahmenbedingungen haben die Untersuchung „Streik im Wandel" ins-
piriert und leiten insbesondere die Analyse des aktuellen Streikgeschehens.

Die Gliederung sieht wie folgt aus

In Kap. 1 werden einige zentrale Strukturmerkmale kapitalistischer Wirtschaftsgesellschaften diskutiert, die fundamental für die immer wiederkehrenden Streiks als soziale Tatsache sind.

In Kap. 2 werden diverse Voraussetzungen von Streiks thematisiert, so die Akteure mit ihren jeweiligen Organisationen und die rechtliche Rahmung dieser Konflikte. Dabei wird dem vielfältigen sozialen Wandel Rechnung getragen.

In Kap. 3 geht der Blick zurück auf die ersten Jahrzehnte der Bundesrepublik und stellt einige wichtige Streiks hinsichtlich Anlass, Verlauf und Ergebnis vor, wobei es sich um industrielle Branchen handelt. Vereinzelt fanden auch damals schon Streiks im Dienstleistungssektor statt. Streiks in den ersten Jahren der deutschen Wiedervereinigung und des damit einhergehenden Umbaus der DDR-Wirtschaft werden nicht berücksichtigt. Die Perspektive weitet sich und geht auch auf solche Streiks bzw. entsprechende Drohungen ein, die über das Streikrecht nicht abgedeckt sind. Hierbei handelt es sich um so genannte „wilde Streiks" oder möglicherweise auch um je nach Standpunkt politische Streiks.

In Kap. 4 wird die Transformation von der Industrie- zur Dienstleistungsgesellschaft erörtert, herausragende, aktuelle Streiks werden in deren Branchen analysiert. Selbstverständlich finden nach wie vor solche Auseinandersetzungen auch anderenorts statt. Offensichtlich ist, dass das bislang gewohnte Erscheinungsbild sich bei den Streiks im Dienstleistungssektor grundlegend verändert, und zwar vor allem mit Blick auf die organisierten Akteure und die gesellschaftlichen Folgen. Neu ist das konflikthafte Zusammenspiel unterschiedlicher Gewerkschaften in einer Branche bzw. in einem Unternehmen mit teilweise gleichen Gruppen von Beschäftigten und neu sind ebenfalls die direkten Auswirkungen über unmittelbar Betroffene hinaus auf Dritte, also Unbeteiligte und auf die Gesellschaft insgesamt.

In Kap. 5 werden zentrale Argumente zusammengefasst, die Perspektive durch ergänzende Sachverhalte geweitet und ein Blick auf mögliche zukünftige Entwicklungen geworfen.

Inhaltsverzeichnis

Streik und kapitalistische Wirtschaftsgesellschaft

1

Der moderne Kapitalismus, der sich seit dem Ausgang des 18. Jahrhunderts zunächst in Europa durchsetzte und am Ende des 20. Jahrhunderts mit dem Niedergang der sozialistischen Wirtschaftsgesellschaften nahezu weltweit zum Leitbild wirtschaftlichen Handelns bzw. zum konkurrenzlosen Wirtschaftsmodell aufrückte, ist durch eine Reihe von Merkmalen charakterisiert. Sie bilden allgemeine Rahmenbedingungen für Streiks, die allerdings in ihren Voraussetzungen, ihrer rechtlichen Gestaltung und ihren Erscheinungsformen national spezifisch geprägt werden und sich entsprechend auch verändern. Dafür hat sich der Begriff der Pfadabhängigkeit eingebürgert. Demzufolge wird sozialer Wandel vielfach von einschneidenden politischen, gesellschaftlichen und ökonomischen Ereignissen, die mit Machtverschiebungen einhergehen können, befördert, aber historisch überkommene Pfade institutioneller Gestaltung werden dabei nicht verlassen, sondern modifiziert.

Es wird häufig unterstellt, das kapitalistische Wirtschaftssystem bedinge bzw. fördere ein demokratisches Regierungssystem mit möglicherweise entsprechender Ausstrahlung in die Gesellschaft insgesamt, etwa die Gründung von Gewerkschaften und Arbeitgeberverbänden sowie die Tarifautonomie und das Streikrecht. Das ist empirisch nicht haltbar. Schon mit Blick auf die deutsche Geschichte war und ist dieses System vereinbar mit dem Obrigkeitsstaat im 19. und mit dem nationalsozialistischen Regime im 20. Jahrhundert, ferner bis in die jüngste Zeit etwa mit den Militärdiktaturen in Mittel- und Südamerika sowie mit seiner autoritär staatlich gelenkten Gestalt in China. Es ist aber auch nicht zu übersehen, dass diese politischen Systeme – etwa verursacht durch fundamentale Krisen und widerständige BürgerInnen – einen demokratisch inspirierten Transformationsprozess durchlaufen können.

© Springer Fachmedien Wiesbaden 2017
I. Raehlmann, *Streik im Wandel,* essentials,
DOI 10.1007/978-3-658-15290-1_1

Unter Bezug auf Karl Marx (1974 [1867]) und Max Weber (1964 [1921]) unterstrich Johannes Berger (2013, S. 1 f.) erst jüngst die staatlich garantierten Eigentumsrechte und die Warenmärkte als *die* zentralen Elemente kapitalistischer Produktionsweise. Die Besitzer der Produktionsmittel benötigen zur Herstellung von Produkten Arbeitskräfte, die über keine Produktionsmittel, sondern nur über ihre Arbeitskraft verfügen und diese frei, da befreit von den ständisch-feudalen Bindungen und der Sklaverei, auf Arbeitsmärkten anbieten können bzw. müssen. Sie sind tätig in Arbeitsorganisationen, etwa in Fabriken, und arbeiten unter Bedingungen, deren zentrale Merkmale Macht, Herrschaft und Kontrolle sind. Es sind die Unternehmer bzw. die Kapitalisten, die diese Strukturmerkmale idealtypisch verkörpern. Die gefertigten Produkte müssen als Waren gewinnbringend auf Märkten veräußert werden. Mit der Entwicklung zu Großunternehmen in Gestalt von Aktiengesellschaften zerbrach diese ursprünglich personelle Einheit. Die unternehmerisch Tätigen wurden zu angestellten Managern, die jedoch, sofern Besitzer von Aktien, zugleich Eigentümer von Produktionsmitteln sind. Darüber hinaus wurde bescheidener Aktienbesitz später, d. h. in der Bundesrepublik auch für „normale" ArbeitnehmerInnen üblich, wobei er von Unternehmen sogar zur betrieblichen und gesellschaftlichen Integration der Beschäftigten gefördert wurde und wird. Diese Ordnung der Wirtschaft begründete eine Klassengesellschaft, die offensichtlich antagonistische Interessen in sich vereint und mithin ein enormes gesellschaftliches Konfliktpotenzial generiert. „‚Besitz' oder ‚Besitzlosigkeit' sind daher die Grundkategorien aller Klassenlagen" und sie bestimmen auch die gesellschaftliche Machtverteilung (Weber 1964 [1921], S. 679). Dieser grundlegende Sachverhalt „monopolisiert (…) die Tauschgewinnchancen für alle jene, welche, mit Gütern versorgt, auf den Tausch nicht angewiesen sind, und steigert (…) ihre Macht im Preiskampf mit denen, welche besitzlos, nichts als ihre Arbeitsleistungen (…) anbieten können und diese unbedingt losschlagen müssen, um überhaupt ihre Existenz zu fristen" (ebd.). Über diese fundamentale Tatsache hinaus „differenzieren sich die Klassenlagen weiter" (ebd.), sodass zur Erfassung der Komplexität entwickelter Wirtschaftsgesellschaften heute vielfach die Kategorie soziale Schicht verwendet wird. Deren Angehörige teilen eine Anzahl von Merkmalen. So entsteht das Konstrukt eines hierarchisch, überaus komplex strukturierten gesellschaftlichen Gefüges mit einem jeweils schichtspezifischem Einfluss und Sozialprestige seiner Mitglieder. Die Kontraste und Nuancen können jedoch nicht darüber hinweg täuschen, dass die beiden ursprünglichen Klassenlagen – trotz aller zwischenzeitlichen sozialen Verbesserungen – nach wie vor existieren, zumal die überwiegende Mehrheit der Gesellschaftsmitglieder abhängig beschäftigt ist, also ihre Arbeitskraft nach wie vor vermarkten muss. Dennoch sind diese Beschäftigungsverhältnisse von jeher hinsichtlich Anforderungen, Autonomie, Entgelt und Position und gesellschaftlichem Status höchst heterogen, von aktuellen Differenzen erst gar nicht zu sprechen. Weder abhängig Tätige gehören per se zu den Unterprivilegierten noch Selbstständige per se zu den Privilegierten. Soziale Herkunft und durch (Aus) Bildung erworbene Qualifikationen bestimmen die Chancen bzw. die Position sowie den Status in der Berufs- und Lebenswelt. Pierre Bourdieu (1987) brachte diesen Sachverhalt pointiert zur Geltung, als er die ursprünglich rein ökonomische Kategorie Kapital weiter auffächerte und sie um die Kategorien soziales und kulturelles Kapital ergänzte. Die Gesamtheit der materiellen und der immateriellen, d. h. der sozio-kulturellen einschließlich symbolischen Ressourcen, über die ein Gesellschaftsangehöriger potenziell verfügt, bestimmt maßgeblich seinen (zukünftigen) sozialen Status, überdies seinen sozialen Habitus sowie Lebensstil und Lebensführung. Angehörige der gesellschaftlichen Elite „besitzen" dieses dreifache Kapital in erheblichem Maß, während Unterprivilegierte nicht bzw. kaum daran teilhaben.

Um die soziale Lage der besitzlosen Klassen, der Proletarier, zu verbessern, mussten die Arbeitsbedingungen, u. a. das Entgelt erhöht und die Arbeitszeit gesenkt werden. Die zunächst autoritäre Verfassung der Wirtschaftsordnung mit der absoluten Vorherrschaft und Machtfülle der Arbeitgeber verwehrten dem einzelnen Arbeitnehmer jeden Spielraum für diesbezüglich erfolgreiche Verhandlungen. Entgelte, ja die Gesamtheit der Arbeitsbedingungen sind „Kampf- und Kompromißprodukte, also Erzeugnisse von Machtkonstellationen" (Weber 1964 [1921], S. 77). Ohne solidarisches Handeln und ein Minimum an Organisation war und ist für die Mehrzahl der Beschäftigten eine Verbesserung ihrer Arbeits- und Lebenssituation nicht zu erreichen. Die Auseinandersetzungen zwischen Kapital und Arbeit wird zumal heute vornehmlich über Verhandlungen ausgetragen. Dabei gilt der Streik der ArbeitnehmerInnen und ihrer Organisationen als Ultima Ratio, um sich in diesem Streit, der üblicherweise zum Abschluss von Tarifverträgen führt bzw. führen soll, einigermaßen erfolgreich behaupten zu können. Mit dem Streik wird Gegenmacht aufgebaut und demonstriert, um die gewerkschaftliche Verhandlungsposition gegenüber den Arbeitgebern und ihren Verbänden zu stärken. Adam Smith (2009 [1776], S. 117 f.) erkannte schon zu Beginn der kapitalistischen Umwälzung die Notwendigkeit solcher Zusammenschlüsse. Arbeiter und Arbeitgeber bilden Koalitionen, „um den Arbeitslohn hinaufzutreiben" bzw. „um ihn herunterzudrücken. (...) In allen solchen Streitigkeiten können (...) (die Arbeitgeber, I. R.) es viel länger aushalten. (...) (Sie, I. R.) können, wenn sie auch keinen einzigen Arbeiter beschäftigen, doch im allgemeinen ein oder zwei Jahre von den Kapitalien leben, die sie bereits erworben haben. Viele Arbeiter dagegen können nicht eine Woche, nur wenige einen

Monat, und kaum einer ein Jahr ohne Beschäftigung bestehen." Die Organisationen der Arbeiter, so Smith weiter, ziehen mehr Aufmerksamkeit auf sich, was jedoch zu einem Fehlurteil verleiten kann: „Wer sich aber darum einbildet, daß sich die (…) (Arbeitgeber, I. R.) selten koalieren, kennt ebensowenig die Welt, wie diesen Gegenstand." Die Arbeitgeber „stehen stets und überall in einer Art stillschweigender, aber fortwährender und gleichförmiger Übereinkunft, den Arbeitslohn nicht über seinen dermaligen Satz steigen zu lassen. (…) Man hört allerdings selten von dieser Übereinkunft, weil sie der gewöhnliche und, man darf sagen, natürliche Zustand der Dinge ist, von dem niemand etwas hört."

Smith betont ferner, dass – zu seiner Zeit – die Koalitionen der Arbeitgeber gesetzlich garantiert waren, während die der Arbeiter verboten waren (vgl. ebd. S. 117). Der Kampf der Arbeiter entwickelte sich daher in zwei Richtungen: Zum einen ging es um die Gründung politischer Parteien und zum anderen um die Gründung von Gewerkschaften. Für beide Organisationen musste die gesetzliche Anerkennung, also die Legalisierung erstritten werden, wobei deren Legitimität zweifellos in den antagonistischen gesellschaftlichen Verhältnissen selbst gründet. Erneute Verbote waren nicht ungewöhnlich, so das Sozialistengesetz (1879) unter dem Reichskanzler Otto von Bismarck, der die Sozialdemokratische Partei (SPD) und die Gewerkschaften für illegal erklärte und gleichzeitig mit der Gründung der Sozialversicherung die ArbeiterInnen zur Akzeptanz der gesellschaftlichen Verhältnisse verleiten wollte. Seine sozialpolitischen Initiativen werden heute vielfach als Beginn des deutschen Sozialstaats verklärt. Dabei wird die Ambivalenz seiner Politik oftmals ignoriert. Es zeigte sich früh, dass der Staat als dritter Akteur eine zunehmend wichtigere Rolle spielte. War seine Aufgabe zunächst, für die innere und äußere Sicherheit zu sorgen, das Privateigentum an Produktionsmitteln und die unternehmerische Tätigkeit rechtlich zu garantieren, so wurde er von der wachsenden spannungsreichen und konflikthaften Entwicklung zu weiteren Eingriffen herausgefordert. Mithin erwies sich die ursprüngliche Annahme, der Kapitalismus werde aus sich heraus, also ohne staatliche Interventionen zu Wohlstand und gesellschaftlicher Harmonie führen, als trügerisch. Der Staat griff unter dem Etikett Interventionsstaat zunehmend in die sozio-ökonomischen Abläufe ein. Nur so wurde der neuen Wirtschaftsordnung das Überleben gesichert. Die staatlichen Eingriffe waren und sind nicht nur wirtschaftspolitischer, sondern auch sozialer und sozial gestaltender Natur. Erst aus den beiden zuletzt genannten Aktivitäten entwickelte sich das spezifische Profil des deutschen Sozialstaates, das letztlich ohne massiven Druck aus der Arbeiterbewegung, einschließlich der SPD und der Zivilgesellschaft, jedoch chancenlos gewesen wäre, vor allem mit Blick auf demokratische Gestaltungsansätze.

Die diesbezügliche Entwicklung war und ist ein Auf und Ab von Fortschritten und Rückschritten. Typisch sind materielle, also monetäre Maßnahmen, wie sie das System der sozialen Sicherung bereit hält. Damit sollen die unvermeidbaren Wechselfälle des Lebens zumindest teilweise abgesichert werden. Hinzu kommen sozial gestaltende Maßnahmen, beispielsweise die rechtliche Anerkennung der Gewerkschaften und der Betriebsräte sowie der Arbeitgeberverbände als Interessenvertretung ihrer Mitglieder bzw. der Beschäftigten verbunden mit dem Recht Tarifverträge bzw. Betriebsvereinbarungen abzuschließen. Solche Gesetze eröffnen Chancen von Mitbestimmung und Partizipation der Arbeitskräfte und ihrer Organisationen. Der Staat setzt Rahmenbedingungen und Prozeduren, wobei auch das Streikrecht darin systematisch verankert ist.

Streik – Akteure, organisatorische und rechtliche Voraussetzungen

2

Die diversen Streikvoraussetzungen sind nicht ein für allemal fixiert, sondern verändern sich mit der Entwicklung der kapitalistischen Wirtschaftsgesellschaft. Bevor diese im Einzelnen skizziert werden, gilt es auf Vorformen des Streiks einzugehen, die üblicherweise nicht verrechtlicht sind. Eine rechtliche Regelung, etwa ein Verbot des politischen Streiks, bedeutet selbstverständlich nicht, dass dieser nicht stattfinden kann. Die gesellschaftliche Auseinandersetzung kann eine Brisanz und Dynamik entfalten, sodass die Akteure solche Vorgaben schlicht ignorieren. Sie handeln zwar illegal, aber nicht unbedingt illegitim. Zu solchen kollektiven Kampfformen zählen etwa Sabotage, d. h. die Zerstörung technischer Neuerungen – bekannt aus dem 19. Jahrhundert als Maschinensturm – zur vermeintlichen Sicherung der Arbeitsplätze, ferner Fabrikbesetzungen als symbolische, bisweilen auch faktische Inbesitznahme der Produktionsmittel und „wilde Streiks". Die beiden zuletzt genannten Maßnahmen stießen auch bei bundesrepublikanischen ArbeitnehmerInnen in den sechziger und siebziger Jahren des 20. Jahrhunderts auf Resonanz. Als bis heute praktizierte kollektive Vorformen des Streiks können das „Bremsen" als Leistungszurückhaltung in der Industrie und der „Dienst nach Vorschrift" im öffentlichen Dienst gelten. Es handelt sich um individuelle oder kollektive Praktiken, jedoch eher um informelle Absprachen der Arbeitskräfte, die in der ein oder anderen Form heute in der Arbeitswelt vermutlich allgemein verbreitet sind. Allerdings ist davon auszugehen, dass die zunehmende Leistungsverdichtung zusammen mit neuen, technischen Leistungskontrollen ein solches widerständiges Handeln erschweren.

Die Streikfreiheit bzw. das Streikrecht ist grundlegend für den demokratischen Rechtsstaat, denn anderenfalls wären die abhängig Beschäftigten – so das oft zu hörende Verdikt – zu „kollektiver Bettelei" verdammt. Ohne Anspruch auf Vollständigkeit sind die folgenden allgemeinen, national übergreifenden Tendenzen

© Springer Fachmedien Wiesbaden 2017
I. Raehlmann, *Streik im Wandel*, essentials,
DOI 10.1007/978-3-658-15290-1_2

des entwickelten Kapitalismus bedeutsam: Dazu zählt das jeweilige Verhältnis von Staat und Wirtschaft, wie es sich in den wirtschafts-, arbeits- und sozialpolitischen Interventionen mit unterschiedlicher Quantität und Qualität manifestiert. Der Strukturwandel von Arbeit zeigt sich ferner in einer Bedeutungsverschiebung von Wirtschaftssektoren. Mit Blick auf die Zahl der Erwerbstätigen sind die industriellen Branchen – wesentlich aufgrund anhaltender technisch-organisatorischer Rationalisierungsprozesse – zwar geschrumpft, ohne jedoch ihre herausragende volkswirtschaftliche Bedeutung einzubüßen. Hingegen haben jene Branchen, die Dienstleistungen erbringen, erheblich an Beschäftigung gewonnen. Schließlich haben sich im Zuge der Entwicklung die Tätigkeitsprofile der ProduktionsarbeiterInnen qualitativ verändert. Sie sind anspruchsvoller geworden. Vor allem die personenbezogenen Dienstleistungen unterscheiden sich davon deutlich, wiewohl es sich auch bei diesen um qualitativ hochwertige Anforderungen handelt. In den letzten Jahrzehnten war und ist der Siegeszug neoliberaler bzw. neoklassischer Wirtschaftskonzepte zusammen mit der forcierten Globalisierung letztlich nicht ohne Folgen für die Gewerkschaften und für die Arbeitgeberverbände.

Nachfolgend wird der Wandel dieser Organisationen mit Blick auf Organisationsgrad, Mitgliederstruktur und Strukturveränderungen nachgezeichnet. Der Skizze liegt kein genuin historisches Interesse zugrunde, sondern sie ist geboten, um Stetigkeit und Veränderung, die vordergründig als grundlegende Neuerung erscheinen mag, aufzuspüren. Verhandlungsgegenstand von Gewerkschaften und Arbeitgeberverbänden sind Entgelt und Arbeitszeit, die in Tarifverträgen geregelt werden. Diese Arena der Arbeitsbeziehungen bzw. der industriellen Beziehungen ist autonom, d. h. die Akteure verhandeln formal frei von staatlicher Intervention. Der Staat fixiert nur die Rahmenbedingungen. Beide Verbände versuchen daher, Einfluss auf die Parteien und den Gesetzgeber zu gewinnen.

In der Frühzeit der Gewerkschaften – in der zweiten Hälfte des 19. Jahrhunderts – organisierten sich die abhängig Beschäftigten zunächst in Berufsgewerkschaften (vgl. Müller-Jentsch 1997, S. 105 ff.). Ungelernte Arbeitskräfte bildeten in der industriellen Produktion die Mehrheit, wiewohl auch Facharbeiter, also beruflich Qualifizierte sich behaupten konnten. Heute stellen sie wieder die Mehrheit der Beschäftigten, während Personen ohne Ausbildung kaum noch Erwerbschancen haben. Aufgrund dessen organisierten sich die ArbeitnehmerInnen unabhängig von ihrer Qualifikation, ihrem betrieblichem Einsatz und Status in Industriegewerkschaften, die sich nach Branchen unterschieden. Das Profil ist bis heute vorherrschend, wobei wieder zunehmend berufliche Schneidungen – sogenannte Spartengewerkschaften – das Organisationsbild ergänzen. Allerdings waren Berufsgewerkschaften nie völlig verschwunden. Häufig handelt es sich um

ArbeitnehmerInnen mit hoher Qualifikation, entsprechender Position und Status sowie Entgelt. Diese Schlüsselpersonen, etwa Ärzte, Zugführer, Piloten und Fluglotsen verfügen über ein Verhandlungsgewicht, das es ihnen ermöglicht, besondere Vorteile für ihre Berufsgruppe zu erringen. Mit diesen Gründungen – so kritische Stimmen – werde die Solidarität mit weniger privilegierten KollegInnen aufgekündigt. Zu den älteren Organisationsprinzipien gehörte auch die weltanschauliche Orientierung: Außer der sozialdemokratischen/freigewerkschaftlichen Organisation Allgemeiner Deutscher Gewerkschaftsverbund (ADGB) existierten christliche und liberale Verbände sowie Standesorganisationen der Angestellten und Beamten (vgl. Müller-Jentsch 1997, S. 113). Die politische Aufsplitterung der Gewerkschaften minderte zweifellos die Chancen, Arbeitnehmerinteressen zu behaupten und durchzusetzen. Mit der Machtergreifung der Nationalsozialisten 1933 wurden mit Ausnahme der NSDAP alle Parteien und gewerkschaftlichen Organisationen verboten und die bis dahin errungenen gesetzlichen Fortschritte wie der Abschluss von Tarifverträgen und das Betriebsrätegesetz eliminiert.

Nicht zuletzt aufgrund der leidvollen Erfahrung des gemeinsamen Widerstands gegen den Nationalsozialismus entwickelte sich nach dem Zweiten Weltkrieg die Idee der politisch unabhängigen Einheitsgewerkschaft, die 1949 als Deutscher Gewerkschaftsbund (DGB) mit 16 Industriegewerkschaften gegründet wurde. Als davon gesonderte Organisationen formierten sich die Deutsche Angestelltengewerkschaft (DAG) und der Deutsche Beamtenbund (DBB). Die christlichen Gewerkschaften waren tarifpolitisch bedeutungslos. Dieses Profil der Gewerkschaften hatte bis zur Wiedervereinigung Deutschlands Bestand. Danach veränderte es sich grundlegend, wofür verschiedene Ursachen verantwortlich sind:

Generell sinkt aufgrund fortschreitender gesellschaftlicher Individualisierung die Bereitschaft der BürgerInnen, sich in Großorganisationen wie Kirchen, Parteien und eben auch Gewerkschaften zu organisieren. Als weitere Barriere erweist sich das gesellschaftliche Umfeld: Mit der Praxis einer neoklassischen bzw. neoliberalen Wirtschaftspolitik, die bei sozio-ökonomischen Regelungserfordernissen nunmehr vornehmlich auf den Markt und nicht mehr auf staatliches bzw. organisiertes Handeln setzt, verlieren vor allem die Gewerkschaften an Einfluss und Anerkennung. Diese Tendenz wird noch dadurch befördert, dass die Unternehmen durch Produktionsverlagerungen und auswärtige Investitionen in einem bislang nicht gekannten Ausmaß weltweit agieren und dadurch heimische Arbeitsplätze vermehrt gefährden. In Folge verstärkter Konkurrenz gerät das vergleichsweise hohe Niveau der deutschen Arbeitsbedingungen, vor allem die Entgelte, aber auch die Arbeitszeit unter Druck. Bisweilen wird sogar die Notwendigkeit von Tarifverträgen, Betriebsvereinbarungen und Betriebsräten infrage gestellt. Diesbezügliche Verdikte gibt es aus der Politik sowie aus jungen, im

Umfeld der Informations- und Kommunikationstechnologie entstandenen Unternehmen. Beschäftigte in diesen Branchen sind davon überzeugt, dass sie ihre Arbeitsbedingungen besser autonom regeln können. Mit Beginn der Finanz- und Wirtschaftskrise 2008 gewannen die Gewerkschaften jedoch Reputation und politischen Einfluss wieder zurück. Bei der Krisenbewältigung griff die Politik auf eine bereits früher praktizierte Strategie zurück: Schon die Konzertierte Aktion in den sechziger/siebziger Jahren und das Bündnis für Arbeit um die Jahrtausendwende hatten, da der Staat und die Tarifvertragsparteien sich auf ein abgestimmtes Handeln verständigten, gewisse Erfolge zu verzeichnen, die jedoch aus gewerkschaftlicher Sicht durchaus kritisch bewertet wurden.

Im Zuge des Vereinigungsprozesses stieg 1991 durch die Aufnahme der Angehörigen der DDR-Gewerkschaften die DGB-Mitgliederzahl auf 11.800.000 und erreichte damit einen Organisationsgrad – Anteil an den abhängigen Erwerbspersonen – von 33 % (vgl. Müller-Jentsch 2007, S. 37). Der enorme Zuwachs war nur kurzzeitig, denn mit der De-Industrialisierung der Neuen Bundesländer schrumpfte die Zahl in etwa auf die ursprüngliche, zumal die dort neu aufgebauten Unternehmen aufgrund technisch-organisatorischer Rationalisierung weit weniger Arbeitskräfte benötigten. 2005 waren nur noch 6.778.000 ArbeitnehmerInnen, also 17,7 % im DGB organisiert, und 2014 noch 6.104.851 (vgl. ebd., Wikipedia DGB). Der Schrumpfungsprozess verlangsamte sich zwar, aber er setzte sich über zehn Jahre fort. In einigen Einzelgewerkschaften wurde er mit den Jahren beendet. Es zeichneten sich sogar Zuwächse ab. Der gesellschaftliche Strukturwandel hatte bereits dazu geführt, dass – wie zuvor angemerkt – die Beschäftigtenzahlen in den industriellen Branchen sanken während sie in den dienstleistenden stiegen. Das klassische Gewerkschaftsmitglied war und ist der männliche (Fach)Arbeiter der (Groß)Industrie. Hingegen gelang und gelingt es den Gewerkschaften kaum bzw. unzureichend, diesen Verlust zu kompensieren und vermehrt Angestellte, Techniker und Ingenieure sowie weibliche Beschäftigte zu organisieren.

Die tendenziell geringe Mitgliedschaft erwerbstätiger Frauen haben die Gewerkschaften teilweise selbst verschuldet. Ihr früherer Antifeminismus richtete sich gegen die Mitgliedschaft weiblicher Arbeitskräfte. Deren Lohndiskriminierung in Tarifverträgen hält an, wenn auch eher in indirekter Form. Allerdings haben sich bei den Frauen die Mitgliederzahlen seit den siebziger Jahren des vergangenen Jahrhunderts deutlich erhöht, und zwar aufgrund ihrer zunehmend qualitativ hochwertigen (Aus)Bildungsabschlüsse und/oder ihrer wachsenden, stabilen Erwerbstätigkeit in den Branchen des Dienstleistungssektors. Auch in den gewerkschaftlichen Gremien sind sie vermehrt, wenn auch noch nicht gemäß ihrem Anteil an der Mitgliedschaft vertreten. Der frühere Organisationsgrad in den industriellen Branchen wird vermutlich zukünftig nicht mehr erreicht. Der Anteil der Frauen in den DGB-Gewerkschaften betrug 1984 21,6 % und der Organisationsgrad erreichte 18,7 %, wobei der der Männer bei 41,6 % lag. Ende 1991 waren 33 % der DGB-Mitglieder weiblich, wobei der Organisationsgrad aufgrund der Wiedervereinigung 1990 einen Spitzwert von 24,4 % erreichte (vgl. Raehlmann 1997, S. 298). Etwa 25 Jahre später ergibt sich folgendes Bild: 2014 waren 2.020.999 DGB-Mitglieder weiblich, das waren 33,10 % und etwa doppelt so viele männlich, nämlich 4.083.852, also 66,90 % (vgl. Wikipedia DGB). In der Vereinigte(n) Dienstleistungsgewerkschaft (Verdi), nach der Industriegewerkschaft (IG) Metall die zweit größte Gewerkschaft, war die Mitgliedschaft der Frauen mit 1.050.144, das waren 51,48 % höher als die der Männer mit 989.787, also 48,52 % (vgl. ebd.).

Die Antwort der DGB-Gewerkschaften auf die sinkenden Mitgliederzahlen, wofür der wirtschaftliche Strukturwandel zu einem Gutteil verantwortlich ist, war zu Beginn des Jahrtausends ein Organisationswandel. Einzelne Gewerkschaften schlossen sich zusammen, um Kosten zu sparen, Synergieeffekte zu erzielen und die kollektive Handlungsfähigkeit zu stärken. Von den ursprünglich 16 Einzelgewerkschaften blieben noch acht übrig. Die hier besonders interessierende 2001 entstandene Gewerkschaft Verdi vereinigte die DAG – früher nicht DGB-Mitglied –, die Deutsche Postgewerkschaft, die Gewerkschaft Handel, Banken und Versicherungen, die IG Medien und die Gewerkschaft Öffentliche Dienste, Transport und Verkehr. Dass die DAG sich nach hundert Jahren Eigenständigkeit unter das Dach des DGB begab, ist ein auffälliges Zeichen für ein weiteres tief greifendes Merkmal des gesellschaftlichen Strukturwandels: Die überkommene Unterscheidung zwischen Arbeiter und Angestellten ist obsolet geworden, denn die Qualifikationsprofile haben sich angenähert, bisweilen sind die der ArbeiterInnen mittlerweile sogar höher. Den Angestellten wurde mithin der Boden für ein ursprünglich elitäres Selbstverständnis entzogen.

Mit Blick auf die oben skizzierten Argumente von Smith, der bei den Arbeitgebern von einer stillschweigenden, also informellen Übereinkunft, etwa bei Entgelten und Arbeitszeit, ausging, kann es nicht überraschen, dass eine formale Organisationsgründung erst im Anschluss an die der Arbeiterbewegung erfolgte. Wichtige Auslöser hierfür waren 1890 der Fall des Sozialistengesetzes und große, ausgedehnte Streiks, was dazu führte, dass je nach Sichtweise die Gewerkschaften als „Streikvereine" und die Arbeitgeberverbände als „Antistreikvereine" gebrandmarkt wurden (Kessler 1907, S. 20; zitiert nach: Müller-Jentsch 1997, S. 167). Die späte Institutionalisierung erklärt sich ferner dadurch, dass

Arbeitgeber ihre Interessen als Unternehmer zuvörderst über den Markt, d. h. in der Konkurrenz mit anderen Anbietern gleicher Produkte, realisieren. Wenn das nicht mehr problemlos möglich ist, wächst die Bereitschaft sich zu organisieren. Es konstituierten sich verschiedene Organisationen, die jeweils spezifische Anliegen der Unternehmer aufgriffen, etwa die Konkurrenz einschränkende Regulierung von Preisen sowie der Schutz vor ausländischer Konkurrenz und die Sicherung der Rohstoffe. Adressat dieser Anliegen war der Staat bzw. der Gesetzgeber. Mit der Entwicklung zum Interventionsstaat versuchen Kapital und Arbeit bis heute, gezielt das staatliche Handeln in ihrem Interesse zu beeinflussen. So kam es in der zweiten Hälfte des 19. Jahrhunderts etwa zur Gründung von Schutzzollvereinen sowie zur Gründung von Kartellen und Syndikaten. Charakteristisch für die Kapitalseite war und ist, dass für jedes ihrer Anliegen eine eigene Organisation entstand, sodass gleiche Unternehmen in verschiedenen Verbänden vertreten waren und diese häufig von ein und derselben Person geleitet wurden. „Der Grund für diese scheinbare organisatorische Zersplitterung ist vor allem in der Konkurrenzsituation der Unternehmer zu suchen" (Müller-Jentsch 1997, S. 162). Parallele Organisationen der Kapitalseite existieren bis heute, so neben der Bundesvereinigung der Deutschen Arbeitgeberverbände (BDA) zwei weitere Dachverbände wie der Bundesverband der Deutschen Industrie (BDI), der allgemeine wirtschaftspolitischen Interessen vertritt, und der Deutsche Industrie- und Handelstag (DIHT), der die regionalen Wirtschaftsinteressen wahrnimmt (vgl. ebd. S. 175).

Die Gründung des Dachverbands BDA als Interessenvertretung der privaten Arbeitgeber bildet sozusagen den Abschluss der Entwicklung. Die öffentlichen Arbeitgeber sind separat davon organisiert. Im Umfeld des Ersten Weltkrieges wurde eine Struktur geformt, die in ihren Grundzügen bis heute existiert. Schon damals zeichnete sich das vorstehend erwähnte Kooperationsmuster zwischen Staat und Tarifvertragsparteien ab (vgl. ebd. S. 173). Wie bei den Gewerkschaften so lassen sich auch bei den Arbeitgebern einzelne Phasen der Institutionalisierung identifizieren. In einem ersten Schritt entwickelten sich vereinzelt und kaum dauerhaft erste Zusammenschlüsse als Antwort auf jene der handwerklich qualifizierten Arbeiter. Mit dem Erstarken der Gewerkschaften nach dem Fall des Sozialistengesetzes 1890 und der Gründung von Großunternehmen mit der Massenproduktion wurden die Arbeitgeber organisationspolitisch aktiv. Der große Streik der Weber Anfang des 20. Jahrhunderts in Crimmitschau um den 10-h-Tag forcierte die Entwicklung (vgl. ebd. S. 173 f.). Die BDA vereinigt nicht nur die industriellen Arbeitgeber, sondern auch die „des Handwerks, der Landwirtschaft, des Handels, des privaten Bankgewerbes, des Verkehrsgewerbes, des

Versicherungssektors und sonstige(r) Dienstleistungen" (ebd. S. 176). Organisiert werden ihre Mitglieder nach fachlicher und territorialer Zugehörigkeit: Das sind „47 Fachspitzenverbände, welche auf Bundesebene jeweils die regionalen Arbeitgeberverbände eines Wirtschaftszweiges zusammenfassen und 15 überfachliche Landesverbände, in denen alle Arbeitgeberorganisationen des jeweiligen Bundeslandes zusammengefaßt sind" (ebd. S. 176). Ihre Handlungsfelder sind ähnlich wie die der Gewerkschaften: Außer der zentralen Tätigkeit, nämlich Tarifverträge mit den Gewerkschaften auszuhandeln, wird über Öffentlichkeitsarbeit versucht, das staatliche/gesetzgeberische Handeln zu beeinflussen, vor allem in der Arbeits- und Sozialpolitik sowie den entsprechenden Rechtsgebieten. Schließlich wird den Mitgliedern Information, Beratung und Unterstützung angeboten (vgl. ebd. S. 170). Traditionell ist zwar der Organisationsgrad der Arbeitgeber höher als der der ArbeiternehmerInnen, aber beide Interessenverbände kämpfen heute mit dem Problem abnehmender Mitgliedschaft (vgl. ebd. S. 179). Sie scheint vom Unternehmensalter, von der -größe, vom branchenspezifischen Streikrisiko sowie vom Anteil der gewerkschaftlich organisierten ArbeitnehmerInnen bestimmt zu werden (vgl. ebd. S. 179 f.). Folgende Faktoren begünstigen den Austritt bzw. den Nichteintritt: Abstinent verhalten sich jüngere, exportorientierte Unternehmen und solche aus den Neuen Bundesländern. Hinzu kommen noch mittelständische Unternehmen bzw. deren Unternehmer, die mit der Tarifpolitik ihrer Interessenvertretung nicht einverstanden sind. Als Reaktion auf die Verbandsflucht ermöglichen die Arbeitgeberorganisationen ihren (potenziellen) Mitgliedern eine „Mitgliedschaft mit oder ohne Tarifbindung".

Im Rahmen der Tarifautonomie, die es nachfolgend zu skizzieren gilt, ist der Arbeitskampf, also der Streik das letzte, legitime bzw. legale Mittel, um in Tarifauseinandersetzungen einen, für die ArbeitnehmerInnen akzeptablen Kompromiss zu erzielen. Dabei hat der Gesetzgeber den Gewerkschaften das Streikmonopol zugebilligt. Der gewerkschaftliche Erfolg hängt wesentlich von der Mitgliederzahl und vom Mobilisierungspotenzial ab. Sie stellen die Machtressourcen der Organisation dar. Grundsätzlich können die Arbeitgeber – zumindest in Deutschland – mit der Aussperrung ihrer Arbeitskräfte antworten, worauf sie allerdings in den letzten Jahrzehnten weitgehend verzichtet haben. Zu den Gründen später mehr! Das System der industriellen Beziehungen in Deutschland weist einen hohen Grad an Verrechtlichung auf, die der Soziologe Theodor Geiger (1949) prägnant als „Institutionalisierung des Klassenkonflikts" charakterisierte (zitiert nach: ebd. S. 202). Das gilt zuvörderst für die Tarifautonomie, die in ihrer jetzigen Gestalt das Ergebnis vielfacher Konflikte zwischen Staat, Kapital und Arbeit ist, wobei die Entwicklung keineswegs gradlinig verlaufen

ist, sondern durch Reform und Repression markiert wird. Die Qualität der Auseinandersetzung hat sich vom Klassenkampf zum Verteilungskonflikt verändert.
Dieser Durchbruch wäre ohne eine Veränderung im Bewusstsein und Handeln
von Arbeitgebern und Gewerkschaften nicht möglich gewesen. Beide Parteien
durchliefen kollektive Lernprozesse. Um kompromissfähig und kompromisswil-
lig zu werden, mussten sich Gewerkschafter wirtschaftliche Kenntnisse aneignen
und die Arbeitgeber ihre Kontrahenten als gleichberechtigte Verhandlungspartner
anerkennen (vgl. ebd. S. 207). Tarifverträge sind aber nicht nur für die ArbeitnehmerInnen vorteilhaft, sondern gleichermaßen für die Arbeitgeber, da sie
Kartell-, Ordnungs- und Befriedigungsfunktionen erfüllen. „Denn der sektorale
Tarifvertrag nimmt Löhne und Arbeitszeiten durch ihre Standardisierung aus der
Konkurrenz und garantiert den Unternehmen für die vertragliche Laufzeit sozialen Frieden und stabile Kalkulationsgrundlagen" (ebd. S. 196). Im Konzert der
Arbeitnehmermitbestimmung ist die Tarifautonomie das wichtigste Beteiligungs-
recht: Sie gewinnt zusammen mit dem Koalitionsrecht eine herausragende gesellschaftliche Bedeutung, die durchaus vergleichbar mit dem allgemeinen Wahlrecht
ist (vgl. ebd. S. 202).

Folgende Merkmale kennzeichnen die Tarifautonomie (vgl. ebd. S. 203)
Es handelt sich um ein gleichberechtigtes Verfahren, wobei das Verhandlungsergebnis im
Wesentlichen Entgelt und Arbeitszeit normiert. Tarifvertragsparteien sind die Verbände von
Arbeit und Kapital, aber auch ein einzelner Unternehmer kann als Tarifpartei fungieren.
Die in der Regel kollektiven Akteure verhandeln autonom, d. h. in einer „staatsfreien Sozi-
alsphäre". Tarifnormen gründen auf Kompromissen, die von den jeweiligen Machtressourcen und dem Konfliktpotenzial der Tarifvertragsparteien mitbestimmt werden. Im Prinzip
umfasst die Tarifauseinandersetzung ein dreistufiges institutionalisiertes Regelwerk. Kann
in Verhandlungen keine Einigung erzielt werden, was eher die Ausnahme ist, so wird über
die Schlichtung versucht, den Konflikt zu lösen. Unter Hinzuziehung eines „neutralen"
Vermittlers wird die Verhandlung fortgesetzt. Über das Ergebnis stimmen die Tarifvertragsparteien ab. Eine Ablehnung bedeutet das Scheitern der Schlichtung und signalisiert
allen Beteiligten, dass nun über die dritte Stufe ein Kompromiss gefunden werden muss.
Der Streik erscheint unvermeidlich und es ist gut möglich, dass eine Aussperrung erwogen
wird.

Ein Blick zurück in die Geschichte des Klassenkampfes zeigt, dass das heu-
tige dreistufige Verfahren ursprünglich eine umgekehrte Reihenfolge aufwies
(vgl. ebd. S. 206): Die Proletarier wehrten sich anfangs in Arbeitsniederlegungen gegen die barbarischen Arbeitsbedingungen, die mit Sieg oder in der Regel
– vielfach unterstützt von der Staatsgewalt – in Niederlagen endeten. Da die
Streiks zunehmend ihren amorphen Charakter verloren und durch die erstarkende
Arbeiterbewegung eine organisierte Gestalt annahmen, ließen sich weitsichtige

Unternehmer auf Verhandlungen mit den Wortführern dieser Gegenmacht ein. Pointiert gesprochen waren diese Verhandlungen jedoch nicht ganz freiwillig, sondern wurden ihnen durch die gesellschaftliche Machtverschiebung aufgezwungen. So wurden unter Beteiligung eines Dritten Schlichtungskommissionen eingerichtet.

Von den Anfängen bis heute finden die Auseinandersetzungen zwischen Kapital und Arbeit in einer Arena mit zunehmender Verrechtlichung statt: Koalitionsfreiheit und Tarifautonomie sind vom Grundgesetz (GG) der Bundesrepublik Deutschland garantiert.

Der Artikel 9 Absatz 3 lautet

„Das Recht, zur Wahrung und Förderung der Arbeits- und Wirtschaftsbedingungen Vereinigungen zu bilden, ist für jedermann und für alle Berufe gewährleistet. Abreden, die dieses Recht einschränken oder zu behindern suchen, sind nichtig, hierauf gerichtete Maßnahmen sind rechtswidrig."

Das Tarifvertragsgesetz vom 9. April 1949 fixiert die Rahmenbedingungen für Verhandlungen. Die Vereinbarungen sind zu verschriftlichen. Tariffähig sind, wie oben erwähnt, die Organisationen von Kapital und Arbeit sowie ein einzelner Arbeitgeber. Dessen herausgehobene Position „trägt der Tatsache Rechnung, daß ein Unternehmer in der Regel über mehrere Arbeitsplätze verfügt und damit – schon als einzelner eine ‚Koalition' darstellt, die dem Arbeitnehmer als wirtschaftliche Macht gegenübertritt" (Müller-Jentsch 1997, S. 207). Die Verhandlungen selbst sind rechtlich nicht geregelt, sondern beide Parteien verständigen sich über den Ablauf. Die Ergebnisse gelten offiziell nur für die ArbeitnehmerInnen eines Unternehmens, die Gewerkschaftsmitglieder sind. Um den übrigen Beschäftigten aber keinen Anreiz für einen Eintritt zu bieten, gelten die Vereinbarungen üblicherweise für alle. Überdies kann der Bundesminister für Arbeit und Sozialordnung einen Tarifvertrag für allgemein verbindlich erklären.

Die deutsche Rechtsordnung „kennt zwar die Streikfreiheit, aber kein explizites Streikrecht" (ebd. S. 209). Dieses wird mittelbar aus der Koalitionsfreiheit und aus Urteilen des Bundesarbeitsgerichts (BAG) abgeleitet. Es ist im Vergleich zur Verhandlung und Schlichtung durchgängig verrechtlicht. „Legal ist demnach nur ein gewerkschaftlich geführter Streik um ein tariflich regelbares Ziel (Lohn und Arbeitsbedingungen), der nach Ablauf der tariflichen Friedenspflicht und Ausschöpfung aller Verhandlungsmöglichkeiten (Ultima-Ratio-Prinzip), nach dem Grundsatz der Verhältnismäßigkeit (Übermaßverbot) und den Regeln eines fairen Kampfes zu führen ist" (ebd.). Dem Vorstand der Gewerkschaft obliegt die

Entscheidung nicht nur über die Tarifpolitik und die Tarifkommission, sondern auch über die Urabstimmung und den Arbeitskampf (vgl. ebd. S. 146 f.). Ist die Abstimmung durch die Mitglieder positiv und erreicht die Beteiligung die erforderlichen 75 %, so liegt die letzte Entscheidung dennoch beim Vorstand. Dessen Macht und Einfluss sind Zeichen der oligarchischen Organisationsstruktur. Rechtmäßig sind ferner Warnstreiks bei laufenden Tarifverhandlungen. Hingegen sind Sympathiestreiks mittlerweile – BAG-Urteil vom 5. März 1985 – verboten. Ein Verbot gilt auch für den politischen Streik. Mit Blick auf die Treuepflicht der Beamten ist ihnen das Streikrecht verwehrt. Ebenso verweigern die beiden Kirchen ihren Beschäftigten aufgrund des speziellen kirchlichen Arbeitsrechts dieses Recht. Dazu später mehr (vgl. Kap. 4 und 5). Das Recht der Arbeitgeber zur Aussperrung ist mit dem BAG-Urteil vom 10. Juni 1980 bekräftigt worden, obwohl einige Länderverfassungen eine solche Möglichkeit nicht vorsehen. Grundsätzlich gilt auch hier das Prinzip der Verhältnismäßigkeit.

Für die seit einigen Jahren konstatierte Krise des Flächentarifvertrags sind ohne Anspruch auf Vollständigkeit folgende Faktoren verantwortlich (vgl. Müller-Jentsch 2007, S. 107 ff.): Die sinkende Mitgliederzahl bei Gewerkschaften und Arbeitgeberverbänden schwächt die gesellschaftliche Institution Tarifautonomie, denn beide Organisationen sind auf einen starken Gegenspieler angewiesen. Die Gewerkschaften können zwar mit einzelnen Unternehmen Haustarifverträge abschließen, was ihnen vermutlich nur gelingt, wenn sie über eine beachtliche Zahl von Mitgliedern Streikbereitschaft signalisieren können, was wiederum den Arbeitgeber zum Verbandseintritt motivieren kann. Die wirtschaftliche Transformation in den Neuen Bundesländern hat überdies dazu geführt, dass Unternehmen den Flächentarifvertrag gebrochen haben, da das im Vergleich zum Westen hohe Entgeltniveau ihre Existenz gefährdet hätte. Die Spartengewerkschaften, die die nivellierende Entgeltpolitik der DGB-Gewerkschaften ablehnen und für ihre Klientel eigene Tarifverträge abschließen, unterminieren eine solidarische Lohnpolitik. Auf weitere Folgen wird noch einzugehen sein! Unternehmen gründen einzelne Firmenbereiche aus, sodass für die Arbeitskräfte dann ein Tarifvertrag mit niedrigem Entgelt gilt.

Die skizzierten Tendenzen haben mit zur Reform des Flächentarifvertrags beigetragen. Erste Versuche wurden bereits in den achtziger Jahren des letzten Jahrhunderts unternommen, wiewohl erst mit dem sozio-ökonomischen Umbau der DDR im Zuge der deutschen Wiedervereinigung die Reform unter dem Slogan „Verbetrieblichung der Tarifpolitik" an Dynamik gewann. Was ist darunter zu verstehen? Der Flächentarifvertrag gilt für die Unternehmen einer ganzen Branche in einer Region, soweit sie Mitglieder im Arbeitgeberverband sind. Die anderen

Unternehmen sind frei in ihrer Gestaltung. Sie orientieren sich aber in der Regel an tarifvertraglichen Normen, um die Entgelte aus dem wirtschaftlichen Wettbewerb herauszuhalten. Die vereinbarten Regelungen bei Arbeitszeit und Entgelt können zwar traditionell überschritten, aber nicht unterschritten werden. Damit ist ein Mindeststandard vorgegeben. Das verleiht den Tarifverträgen eine gewisse Starrheit, denn sie ignorieren die wirtschaftliche Situation eines einzelnen Unternehmens. Das änderte sich mit betrieblichen Öffnungsklauseln. Mit der Berücksichtigung einzelwirtschaftlicher Belange wurde die Tarifpolitik dezentraler, differenzierter und flexibler. Der Flächentarifvertrag gibt nur noch die Rahmenbedingungen für betriebliche Verhandlungen zwischen Management und Betriebsrat vor. Als Interessenvertretung der Beschäftigten hat er damit offensichtlich einen erheblichen Bedeutungszuwachs erfahren. Dadurch dass der Betriebsrat an Einfluss und Macht gewonnen hat und er mittlerweile als Co-Manager firmiert, erklärt sich vermutlich, warum die Arbeitgeber in den letzten Jahren auf Aussperrungen verzichtet haben. Hingegen zeichnet sich bei den Gewerkschaften ein Kontrollverlust ab, der mit dem so genannten „Pforzheimer Abkommen" von 2004 gewissermaßen kompensiert werden sollte. Ziel war es, mit einem Tarifvertrag eine kontrollierte Dezentralisierung und zugleich Differenzierung in der gesamten Metallindustrie zu erreichen. Auch in anderen Branchen wie Chemie und Banken wurden solche Vereinbarungen getroffen (vgl. ebd. S. 117 ff.): Um die Wettbewerbsfähigkeit und die Beschäftigung zu fördern, können mit Zustimmung der Gewerkschaften vorübergehend Arbeitszeit und Entgelt verändert werden. Die Arbeitszeit kann erhöht oder verkürzt, das Entgelt, vor allem bei Zuschlägen für Überstunden sowie bei Sonderzahlungen wie Weihnachts- und Urlaubsgeld abgesenkt werden oder gar entfallen. Als Kompensation für diese Einschnitte wird den Beschäftigten zugesichert, zeitlich befristet auf betriebsbedingte Kündigungen zu verzichten.

Unter dem Etikett Differenzierung kann auch die Tarifpolitik der Spartengewerkschaften subsumiert werden. Sie hat dazu geführt, dass in einem Unternehmen, Betrieb oder Behörde unterschiedliche Tarifverträge gelten können. Diese Möglichkeit räumte ein Urteil des Bundesverfassungsgerichts (BVG) von 2010 ein, das den bis zu diesem Zeitpunkt geltenden Grundsatz „ein Betrieb, ein Tarifvertrag" für illegal erklärte. In seiner Mehrheit vertrat das Gericht die Auffassung, dass durch das bislang gültige Prinzip das grundgesetzlich geschützte Recht der Koalitionsfreiheit verletzt werde, nämlich für die eigenen Interessen in einer frei gewählten Vereinigung zu kämpfen (vgl. Bund und Rudzio 2010, S. 26). Beide Tarifvertragsparteien bzw. ihre Dachverbände DGB und BDA sprachen sich gegen die Neuregelung aus, da die neue Vielfalt zu einer „Zersplitterung" der

Tariflandschaft und einer „Spaltung der Belegschaften" führen könne (ebd.). Gleichzeitig forderten sie die Politik auf, bislang Versäumtes nachzuholen, nämlich endlich per Gesetz die Tarifeinheit festzuschreiben. Der Gesetzgeber verabschiedete 2015 das sogenannte Tarifeinheitsgesetz, das festlegt: Wenn zwei Gewerkschaften in einem Betrieb dieselben Arbeitnehmergruppen vertreten, gilt nur noch der Tarifvertrag der Gewerkschaft mit den meisten Mitgliedern im Betrieb. Gegen dieses Gesetz haben die Spartengewerkschaften beim BVG Klage eingereicht. Ein Urteil ist noch nicht gesprochen.

Verbandsflucht und Verbandsabstinenz, Tarifflucht und Tarifbruch haben zusammen mit den sozio-ökonomischen Veränderungen, vor allem seit der Wiedervereinigung Deutschlands, dazu geführt, dass die tarifvertragliche Deckungsrate kontinuierlich sank. Dadurch gerieten die Entgelte unter Druck. Zunehmend war sogar das Existenzminimum nicht mehr über den eigenen Verdienst gesichert. Allerdings ist ergänzend anzumerken, dass in einigen Branchen des Dienstleistungssektors auf Grund minimaler gewerkschaftlichen Mitgliedschaft die Verhandlungsmacht der Gewerkschaften so gering ist, dass die niedrigen Entgelte, trotz tariflicher Vereinbarung, kaum überraschen können. Die Bezieher dieser Entgelte sind – sofern allein lebend – auf zusätzliche staatliche Hilfe angewiesen. Infolgedessen wurde seit einigen Jahren von den Gewerkschaften mit Unterstützung der SPD ein staatlicher Mindestlohn gefordert, der mit 8,50 EUR seit Anfang 2015 gilt. Eine Lohnuntergrenze schlug bereits die Kommission vor, die seinerzeit die Arbeitsmarktreformen (2005) der Regierung von SPD und Bündnis 90/Die Grünen – populär geworden unter dem Slogan Agenda 2010 – begleitete (vgl. Hartz 2013, S. 17). Gleichzeitig mit dem Mindestlohn wurde staatlicherseits eine Kommission eingerichtet mit jeweils drei Vertretern der Tarifvertragsparteien, die sich auf einen Vorsitzenden einigen, und zwei weiteren, jedoch nicht stimmberechtigten Mitgliedern aus der Wissenschaft. Sie beobachtet, prüft und befindet alle zwei Jahre über eine möglicherweise fällige Anhebung des Entgelts. Aus der weiteren Entwicklung des Mindestlohns hält sich der Staat also heraus.

Noch bis Mitte der neunziger Jahre bestand „ein nahezu lückenloses Netz von Tarifverträgen für Wirtschafts- und Dienstleistungsbereiche, in denen rund 80 % aller sozialversicherungspflichtigen Arbeitnehmer beschäftigt" waren (Müller-Jentsch 1997, S. 228). Bis 1998 bzw. 2006 sank die Prozentzahl der Beschäftigten auf 76 bzw. 65 in Westdeutschland und auf 63 bzw. 54 in Ostdeutschland, wobei es sich um Flächen- und Firmentarifverträge handelte (Müller-Jentsch 2007, S. 110). Der Abwärtstrend hielt und hält weiter an. Die entsprechenden Zahlen für 2013 lauten 60 % im Westen und 47 % im Osten Deutschlands (vgl. Süddeutsche Zeitung 2014, S. 19).

Streik in industriellen Branchen 3

Im Folgenden richtet sich der Blick auf Streiks in den ersten Jahrzehnten der Bundesrepublik Deutschland. Die Perspektive erweitert sich auch auf solche Auseinandersetzungen, die die Grenzen des Streikrechts überschreiten bzw. überschritten hätten, so der geplante, aber letztlich abgesagte *politische Streik* der DGB-Gewerkschaften Anfang der 50er Jahre für ein paritätisches Mitbestimmungsgesetz in der Eisen-, Kohle- und Stahlindustrie und die *„wilden Streiks"* im September 1969. Damit wird ein vertiefender Einblick in arbeitspolitische Konflikte möglich, die nicht durch das Recht gedeckt sind. Den nachfolgend dokumentierten Beispielen ist gemeinsam, dass die Streiks in industriellen Schlüsselbranchen stattfanden. Die erzielten Kompromisse trugen – vielfach mittelbar – durchaus zur Profilierung des Sozialstaats bei, sie wirkten bisweilen weit in die Gesellschaft hinein und prägten zudem zukünftige Entwicklungen. Damals waren diese Unternehmen die zentralen Arbeitsorganisationen hinsichtlich ihrer Beschäftigtenzahl und ihrer Wirtschaftskraft. Das veränderte sich erst, als die Branchen des Dienstleistungssektors seit etwa Mitte der siebziger Jahren Beschäftigung kontinuierlich aufbauten. Diese nahm zwar – wesentlich durch technisch-organisatorische Rationalisierung, wozu auch später Outsourcing gehörte – in den industriellen Branchen ab, wobei deren außerordentliche gesamtwirtschaftliche Bedeutung weiterhin unbestritten war und ist.

© Springer Fachmedien Wiesbaden 2017
I. Raehlmann, *Streik im Wandel,* essentials,
DOI 10.1007/978-3-658-15290-1_3

Konflikt zwischen Gewerkschaften, Wirtschaft und Staat um das Montanmitbestimmungsgesetz

Das *erste Beispiel* thematisiert den Konflikt zwischen Gewerkschaften, Wirtschaft und Staat um das Montanmitbestimmungsgesetz. Die Gewerkschaften forderten laut Grundsatzprogramm (1949) „die Mitbestimmung der organisierten Arbeitnehmer in allen personellen, wirtschaftlichen und sozialen Fragen der Wirtschaftsführung und Wirtschaftsgestaltung" (zitiert nach: Pirker 1979 Band 1 S. 147). Unmittelbar nach Kriegsende sahen sich Unternehmer und Manager an Rhein und Ruhr „zu einem zeitweiligen Bündnis mit den Gewerkschaften (…) gezwungen", um der drohenden Demontage und Entflechtung durch die Besatzungsmächte zu entkommen (ebd. S. 160). Im Zuge des Wirtschaftsaufschwungs nach der Währungsreform (1949), dem Beginn des Koreakriegs (1950) mit der Vertiefung der Ost-West-Spannungen im Kalten Krieg zerbrach diese Allianz, was sich auch im Streit um die gesetzliche Verankerung der Mitbestimmung zeigte. Beide Seiten rüsteten argumentativ auf und brachten sich in Stellung. Eine allgemeine Regelung der Mitbestimmung erschien aussichtslos. Der Gesetzesentwurf der Bundesregierung bezog sich nur auf die Montanindustrie und war im Vergleich zu den Vorstellungen der Gewerkschaften deutlich reduzierter. Deren Vorbild war das Konzept in der entflochtenen Stahlindustrie, d. h. die paritätische Besetzung der Aufsichtsräte und die Entsendung eines Vertreters der Arbeitnehmer als Arbeitsdirektor in den Vorstand (vgl. ebd. S. 173 und 184). Das Modell wurde nach einer heftigen Auseinandersetzung zwischen den Gewerkschaften, den Wirtschaftsverbänden und der Regierung Vorlage für die gesetzliche Regelung. In diesem Streit hatten die Gewerkschaften gegenüber der Bundesregierung bzw. dem Gesetzgeber mit Streik gedroht und entsprechende Vorkehrungen getroffen. In einem Brief an den DGB-Vorsitzenden, Hans Böckler, stellte Bundeskanzler Konrad Adenauer jedoch klar. „Das Rechtsbewußtsein und die Rechtsordnung haben den Arbeitern das Streikrecht in allen Fragen des Tarifvertrages zugestanden. Der angekündigte Streik geht aber über diesen Rahmen hinaus. Ein solcher Streik könnte nur das Ziel haben, die Entscheidung der frei gewählten Volksvertretung durch die Androhung oder Herbeiführung wirtschaftlicher Schäden, die alle treffen, in die Richtung der gewerkschaftlichen Wünsche zu drängen" (zitiert nach: ebd. S. 188 f.). Erst als die Regierung einlenkte wurde der Streik abgesagt. Noch im selben Jahr 1951 wurde das Gesetz vom Bundestag verabschiedet. Theo Pirker benennt den springenden Punkt: „Es ging also nicht mehr um die Mitbestimmung in Eisen, Kohl und Stahl allein: es ging um das Recht der Gewerkschaften zum politischen Streik, um die Frage der

Stellung der Gewerkschaften im Rahmen der Verfassungsordnung der Bundesrepublik" (ebd. S. 195). Dieses Mitbestimmungsgesetz, das später aufgrund
des Strukturwandels in der Montanindustrie mehrfach durch den Gesetzgeber
gesichert wurde, blieb das Modell für die Gewerkschaften in ihrem späteren
Kampf für eine Ausweitung der Mitbestimmung. Daran orientierte sich das
1976 verabschiedete Mitbestimmungsgesetz, das für Unternehmen ab 2000
Beschäftigten gilt und eine fast paritätische Besetzung des Aufsichtsrates
durch VertreterInnen von Kapital und Arbeit vorsieht.

Die Streiks kurz vor der Bundestagswahl im September 1969

Im *zweiten Beispiel* wird an die Streiks kurz vor der Bundestagswahl im
September 1969 erinnert. Hintergrund hierfür waren die Folgen einer keynesianisch aufgeklärten Wirtschaftspolitik, die die Regierung – die Große Koalition von CDU/CSU und SPD – zur Überwindung der ersten Rezession der
Nachkriegszeit Mitte der sechziger Jahre zu praktizieren begann. Im Rahmen der Konzertierten Aktion, d. h. einer institutionalisierten Zusammenar-
beit zwischen Staat und Tarifvertragsparteien sollten im – durch antizyklisch
initiierte staatlich finanzierte Programme – zu erwartenden Wirtschaftsauf-
schwung zunächst die Gewinne und erst anschließend die Löhne steigen.
Mit dem propagandistischen Schlagwort von der „sozialen Symmetrie" sollten die ArbeitnehmerInnen für dieses Konzept gewonnen werden. Im Herbst
1969 – kurz vor der Bundestagswahl – war der wirtschaftliche Aufschwung
längst in eine Hochkonjunktur übergegangen. Die Unternehmen erfreuten sich
hoher Gewinne, die Löhne blieben hingegen niedrig und Tarifverhandlungen
waren nicht in Sicht. Offiziell herrschte Friedenspflicht zwischen den Kontrahenten. In dieser Situation brachen „wilde", also illegale Streiks aus, denn sie
wurden weder von einer Gewerkschaft geführt noch später von einer solchen
übernommen. Das Verhältnis zwischen Gewerkschaften und Mitgliedern war
offensichtlich gestört. Die Gewerkschaften hatte zumindest zeitweilig keine
Macht mehr über ihre Mitglieder. Dieser Machtverlust schwächte vermutlich auch die Macht durch ihre Mitglieder. Dadurch wurde die gesellschaftliche Ordnungsfunktion von Gewerkschaften untergraben. Andererseits setzen
erfolgreiche Streiks ein organisatorisches Minimum voraus, das die Betriebsräte – in der überwiegenden Mehrzahl Gewerkschaftsmitglieder – und die
gewerkschaftlichen Vertrauensleute sicherstellen sollen (vgl. Schumann et al.
1971 S. 11 und 163). Zentrum der Streiks waren die Branchen Stahl, Metall-
verarbeitung und Bergbau, während die anschließenden Auseinandersetzungen

in der Textilindustrie und in den Unternehmen der öffentlichen Versorgung eher die Peripherie bildeten (vgl. ebd. S. 6). Die Streiks dauerten 18 Tage, vom 2. bis zum 19. September, und 140.000 Beschäftigte waren daran beteiligt (vgl. Schmidt 1971, S. 103). Sie galten als lang sowie umfassend und gehörten „zu den streikintensivsten Perioden der sechziger Jahre" (Schumann et al. 1971, S. 7). Sie wurden erst beendet, als die Gewerkschaften auf vorgezogene Tarifverhandlungen insistierten. Die empirische Untersuchung um Michael Schumann bilanziert, dass mit diesen „wilden Streiks" nicht die herrschende Wirtschaftsordnung infrage gestellt wurde, sondern die ArbeitnehmerInnen erwarteten und erstritten ihren als gerecht empfundenen Anteil am wachsenden gesellschaftlichen Reichtum (vgl. ebd. S. 162).

Der Streik in Schleswig-Holstein um die sechswöchige Lohnfortzahlung im Krankheitsfall vom ersten Tag an

Das *dritte Beispiel* handelt von dem 1956/1957 stattgefundenen und 16 Wochen dauernden, bundesweit ausstrahlenden Streik in Schleswig-Holstein um die sechswöchige Lohnfortzahlung im Krankheitsfall vom ersten Tag an, also ohne Karenztage. Sie wurde später auch gesetzlich geregelt und wurde somit zu einem wichtigen Pfeiler in der sozialstaatlichen Architektur. Ferner forderte die IG Metall mehr Urlaub und mehr Urlaubsgeld. Der DGB hatte zuvor in seinem 1955 verabschiedeten Aktionsprogramm „die Lohnfortzahlung im Krankheitsfall auch für Arbeiter" verlangt (zitiert nach: Pirker 1979, Band 2 S. 158). Damit sollte eine Angleichung des Status an denjenigen der Angestellten erreicht werden. Auch wenn die Statusunterschiede heute faktisch obsolet geworden sind, prägten sie in den fünfziger Jahren und noch weit darüber hinaus die Belegschaften in Unternehmen und Behörden. Sie manifestierten sich von jeher in personalpolitischen Strategien, die eine einheitliche Interessenartikulation der ArbeitnehmerInnen unterbinden sollten. Das verlieh der gewerkschaftlichen Forderung zusätzliche Brisanz. Um den Konflikt möglichst lange auch finanziell durchhalten zu können, wurde in einem kleinen Tarifgebiet gestreikt. Das Streikgeld war so hoch, dass fast der normale Verdienst erreicht wurde, was die Entschlossenheit der IG Metall signalisierte, aber auch „die vorbildliche Organisation des Streiks, die Einheit der Streikfront, die Disziplin der Streikenden" unterstützte (ebd. S. 217). Die Auseinandersetzung war, so das Urteil Pirkers, „seinem Inhalt nach von Anfang an ein politischer Kampf, so sehr auch die IG Metall im Verlaufe des Kampfes beteuerte, daß es ‚nur um Tariffragen' gehe" (ebd S. 213). Meines Erachtens war die Forderung durchaus grenzwertig, sie tangiert beide Politikbereiche, sodass Widerspruch nicht verwundern kann. Die Arbeitgeber machten in den Verhandlungen nur „ein begrenztes Angebot" bei der Lohnfortzahlung (ebd. S. 213). In der anschließenden Urabstimmung stimmten im Oktober 1956 88 % der IG Metall-Mitglieder für den Streik. Es handelte sich um einen Schwerpunktstreik, der mit 16 Betrieben begann und schließlich 33 Betriebe mit 32.500 Beschäftigten erfasste (vgl. ebd. S. 215). Die zwischenzeitlich von den Tarifvertragsparteien einberufene Schlichtung beendete den Streik nicht, da die Gewerkschaftsmitglieder den Schlichterspruch ablehnten. Auch die Interventionen aus der Politik blieben zunächst erfolglos. Erst als im Januar 1957 Bundeskanzler Adenauer zu einem Gespräch einlud, erklärte sich die IG Metall anschließend zu neuen Verhandlungen mit den Arbeitgebern bereit. Damit war die Auseinandersetzung in der politischen Arena angekommen und hatte die tarifpolitische Ebene zweifellos überschritten. Das Bonner Abkommen, das Ende Januar 1957 unter der Leitung des damaligen NRW-Arbeitsministers Ernst geschlossen wurde, sah folgende Regelung vor: „Nach einer Krankheitsdauer von über sieben Tagen eine Vergütung von 75 % des Nettolohns und nach einer 14tägigen Krankheitsdauer der volle Nettolohn für alle drei Tage. Die Lohnfortzahlung sollte nach dreijähriger Betriebszugehörigkeit insgesamt vier Wochen betragen" (ebd. S. 220). Die Vereinbarung wurde von 76,2 % der Gewerkschaftsmitglieder abgelehnt. Das Ergebnis einer erneuten Verhandlung, die nur „geringfügige Verbesserungen brachte", wurde anschließend jedoch von 39,7 % der Stimmberechtigten akzeptiert (ebd. S. 222). Damit war der Streik beendet.

Der Lohnrahmentarifvertrag II in Nordwürttemberg/Nordbaden von 1973

Im *vierten Beispiel* geht es um den Lohnrahmentarifvertrag II in Nordwürttemberg/Nordbaden von 1973, der eine qualitative Wende in der Tarifpolitik darstellt. Als ein Vertrag, der eine menschengerechte Gestaltung der Arbeit intendierte, ging er in die Tarifgeschichte ein. Es handelte sich jedoch nicht um ein neues Anliegen der Gewerkschaften, wie der damalige IG-Metall Vorsitzende, Franz Steinkühler, betonte (vgl. Steinkühler 1978, S. 22). Die gesellschaftlichen Rahmenbedingungen waren günstig für einen solchen Abschluss: Die wirtschaftliche Konjunktur war passabel, die gestiegenen Arbeitsbelastungen beförderten Absentismus und Fluktuation der ArbeitnehmerInnen. Die sozial-liberale Koalition unter dem Kanzler Willy Brandt setzte arbeitspolitische Reformen durch, so die Novellierung des Betriebsverfassungsgesetzes mit den für eine humane Arbeitsgestaltung wichtigen §§ 90/91 sowie ferner das Forschungs- und Aktionsprogramm Humanisierung der Arbeit. Auch in den öffentlichen Debatten war Reformpolitik ein wichtiges Thema, die national, aber auch international unter dem Schlagwort „Qualität des Lebens – Qualität der Arbeit" geführt wurden. In den Folgejahren verblasste zwar der arbeitspolitische Enthusiasmus, aber das gewerkschaftliche Anliegen wurde zwischenzeitlich mit der Forderung nach „guter Arbeit" wieder belebt (vgl. Raehlmann 2007, S. 68 ff.), sodass der Tarifvertrag durchaus als ein zukunftsorientiertes Signal verstanden werden kann. Der Auseinandersetzung um einen neuen Lohnrahmentarifvertrag war ein Tarifabschluss Anfang 1973 mit einer Lohnerhöhung von 8,5 % vorausgegangen, der angesichts steigender Preise als unzureichend empfunden wurde. In betrieblichen Aktionen und spontanen Streiks wurde für „Teuerungszulagen" gestritten. Sie gaben auch den Verhandlungen um den Lohnrahmentarifvertrag „kurzfristig eine offensivere Wendung", d. h. „sie politisch zu einer größeren Tarifbewegung aufzuwerten" (Schauer et al. 1984, S. 153). Äußerst strittig waren die folgenden Kernforderungen: „„1. Kündigungsschutz-Verdienstabsicherung für Arbeitnehmer ab dem 50. Lebensjahr, 2. Grunderholzeit von 6 min in der Stunde (…), 4. Verbot von Arbeitstakten unter 1,5 min'" (ebd. S. 154). In diesem Katalog manifestierten sich gruppenspezifische, jedoch gebündelte Interessen, die die breite Zustimmung und die hohe Konfliktbereitschaft der ArbeitnehmerInnen zu erklären vermögen. Darüber war selbst die IG-Metall erstaunt, die vor Ausrufung eines Streiks gewarnt worden war, zumal diese qualitativen Forderungen neu waren (vgl. Steinkühler 1978, S. 24). Im Oktober 1973 kam es zu einem vierzehntägigen Schwerpunktstreik in den Unternehmen Bosch und Daimler mit 57.000 Beteiligten. Die anschließende Vereinbarung zwischen den Kontrahenten lautete: Fünf Minuten Erholungspause pro Stunde für Leistungslöhner und Sicherung der Altersverdienste. Die betriebliche Umsetzung des Tarifvertrags war ein konfliktreicher Prozess verbunden mit Schlichtungen – auch gescheiterten – und Proteststreiks von 25.000 Beschäftigten, der sich über 1974 bis teilweise 1976 hinzog. Bei den Altersverdiensten konnte sich die IG-Metall mit einem neuen Vertrag, der eine „fast lückenlose(n) effektive(n) und dynamische(n)" Sicherung vorsah, durchsetzen (Schauer et al. 1984, S. 160), einen geringfügigen Abstrich musste sie bei der Erholungspause hinnehmen, aber eine Begrenzung der Arbeitstakte war mit den Arbeitgebern von Gesamtmetall nicht konsensfähig. Die schwierige, spannungsvolle Umsetzung des Tarifvertrags war wohl wesentlich der Tatsache geschuldet, dass im Winter 1973 infolge der Ölkrise die Konjunktur längerfristig einbrach und die Erwerbslosigkeit in einem bislang nicht gekannten Ausmaß wuchs.

Die Auseinandersetzung um die 35-h-Woche

Das *fünfte Beispiel* handelt von der Auseinandersetzung um die 35-h Woche, die Teil des jahrzehntelangen Kampfes um die Verkürzung der wöchentlichen Arbeitszeit ist. Als markante Etappen gelten die Durchsetzung des Achtstundentages im Gefolge der Novemberrevolution von 1918 und der 40-h-Woche mit dem von Erwerbsarbeit freien Samstag Mitte der sechziger Jahre, die zu einem allgemeinen, sozio-kulturell verankerten Arbeitszeitmodell avancierte (vgl. Fürstenberg [Hrsg.] et al. 1999). In einer weiteren Verkürzung der Arbeitszeit sahen die IG Metall und die IG Druck und Papier, die den Arbeitskampf 1984 führten, ein geeignetes Mittel, um die wachsende (Dauer) Erwerbslosigkeit zu reduzieren, die von einem Prozent 1973 auf acht Prozent 1985 gestiegen war. Diese Annahme wurde auch von Teilen der Wissenschaft gestützt (vgl. Kutsch und Vilmar [Hrsg.] 1983). Zudem versprach sich die Frauenbewegung davon eine Auflockerung der geschlechtsspezifischen Arbeitsteilung im Privaten (vgl. Notz 1985, S. 127 ff.; Kurz-Scherf und Breil [Hrsg.] 1987). Erst nach einem siebenwöchigen Streik mit Aussperrung von 63.000 Beschäftigten in der Metall- und Druckindustrie verständigten sich die Kontrahenten in einer Schlichtung auf einen Tarifvertrag, der mit 38,5 h einen Einstieg in die 35-h-Woche vorsah, die aber erst nach zwei weiteren Verkürzungen 1995 realisiert wurde. Mit Blick auf das Streikvolumen handelte es sich um den „größten Arbeitskampf seit 1950" (Müller-Jentsch und Ittermann 2000, S. 186). Bereits 1978/1979 hatten die Gewerkschaften vergeblich versucht, in der Stahlindustrie in Nordrhein-Westfalen (NRW) einen Durchbruch zu erzielen (vgl. ebd. S. 201). Das Thema blieb auch nach der Wiedervereinigung auf der tarifpolitischen Agenda. So wollte die IG-Metall 2003 in den Neuen Bundesländern die 35-h-Woche bei vollem Lohnausgleich durchsetzen. Vordergründig ging es um die Angleichung der Arbeits- und Lebensverhältnisse, hintergründig jedoch um die Beseitigung von Wettbewerbsvorteilen des Ostens gegenüber dem Westen. Angesichts einer deutlich geringeren Produktivität in Ostdeutschland hätte die Umsetzung zu einer für die Unternehmen kaum zu verkraftenden Entgelterhöhung geführt. Es kann daher nicht verwundern, dass die IG Metall aufgrund der mangelnden Streikbereitschaft scheiterte und eine beispiellose Niederlage erlebte, die vonseiten der Arbeitgeber sogar die Forderung nach der Rückkehr zur 40-h-Woche wieder belebte (vgl. Raehlmann 2004, S. 78). Aus heutiger Sicht erscheint, soweit ich sehe, das im Tarifkonflikt verhandelte Zugeständnis an die Arbeitgeber, die Arbeitszeit flexibler zu gestalten, weit bedeutsamer: Dieser Einstieg gilt als Beginn einer weitreichenden (tariflichen) Politik der Flexibilisierung der Arbeits- und Beschäftigungsbedingungen, die über klassische Formen wie die Schichtarbeit hinausgeht. Dafür stellte die Regierung unter Kanzler Gerhard Schröder 2003 bzw. 2005 – nicht ohne andauernden gewerkschaftlichen und gesellschaftlichen Widerstand – mit der Agenda 2010 die politischen und rechtlichen Weichen. Mit der Arbeitszeitflexibilisierung wurden Arbeitszeitkonten eingeführt, auf denen Plus- und Minusstunden verbucht wurden. Im Prinzip erübrigten sich damit Zuschläge für Überstunden. Dadurch konnte die Vision eines „atmenden Unternehmens" realisiert werden. Mit anderen Worten: Die Dauer der Arbeitszeit richtet sich idealerweise nach der Auftragslage, wobei gemäß dem Arbeitszeitgesetz zehn Stunden täglich nicht überschritten werden dürfen. In der Krise 2008/2009 wurde u. a. dieses Instrument – längst mit Zustimmung der Gewerkschaften – erfolgreich angewandt, um einen Beschäftigungseinbruch bei einem wirtschaftlichen Abschwung von fünf Prozent zu verhindern. Die nicht beabsichtigten Langzeitfolgen der Tarifauseinandersetzung sind epochaler als die Arbeitszeitverkürzung, die sich durch die mittlerweile übliche bewegliche Zeitgestaltung im Betrieb relativiert und nur noch die Grundlage für das Entgelt ist. Sie relativiert sich vor allem dann, wenn gemäß dem Konzept einer optionalen Arbeitszeitgestaltung die Interessen und Bedürfnisse der ArbeitnehmerInnen bei der betrieblichen Zeitplanung berücksichtigt werden. Eine allgemeine Flexibilisierung der Arbeits- und Beschäftigungsbedingungen entfaltet bis heute nachhaltige Wirkungen in der Wirtschaftsgesellschaft insgesamt. Sie ist das Kennzeichen der aktuellen Zeitkultur, die in nahezu alle Bereiche der Arbeits- und Lebenswelt ausstrahlt.

Streik in dienstleistenden Branchen

4

Unbeschadet der gesamtwirtschaftlichen Bedeutung des industriellen Sektors ist der Dienstleistungssektor, wie vorstehend bereits betont, mit Blick auf die Anzahl der Beschäftigten von wachsender Relevanz. Die Verschiebung forcierte sich im Zuge der rasanten Globalisierung seit den neunziger Jahren, die die technisch-organisatorische Rationalisierung in der Industrie zusammen mit Outsourcing voran trieb mit markanter Abnahme der Beschäftigung bei gleichzeitig vergleichsweise geringem Wirtschaftswachstum. „2010 waren nur noch 18,9 % der Erwerbstätigen in der Industrie (ohne Bau) beschäftigt (1991: 29,3 %); dagegen arbeiteten 73,5 % im Dienstleistungssektor (1991: 59,5 %)" (Dörre 2011, S. 288). Fakten und Verlauf der jüngsten Streiks werden im Folgenden rekonstruiert. Sie verbindet die Tatsache, dass es sich um unterschiedliche Bereiche von Dienstleistung handelt. In diesen Streiks scheint wie in einem Brennglas der Wandel von Arbeit, der Wandel der Rahmenbedingungen und der Wandel der gesellschaftlichen Folgen grell auf.

In den letzten Jahrzehnten haben sich bei den Dienstleistungen die Spartengewerkschaften für ihre privilegierten Mitglieder eine strategisch einflussreiche Position erobert. Aber auch Verdi, die Eisenbahn- und Verkehrsgewerkschaft (EVG), die Gewerkschaft Erziehung und Wissenschaft (GEW) und der DBB sind in diesem Feld weiterhin aktiv. In einer umfassenderen Perspektive geht es um Unternehmen bzw. Organisationen der gesellschaftlichen Infrastruktur und deren Beschäftigte, wobei es sich teilweise um ehemals öffentliche und nun (teil)privatisierte Unternehmen handelt. Das erklärt, warum auch der DBB bei Tarifverhandlungen involviert ist, denn ein Teil der Beschäftigten, vornehmlich Ältere, haben noch den – jedoch auslaufenden – Beamtenstatus. Diese Infrastruktur ist eher technischer und/oder eher sozialer Art: Zum einen sind

© Springer Fachmedien Wiesbaden 2017
I. Raehlmann, *Streik im Wandel,* essentials,
DOI 10.1007/978-3-658-15290-1_4

Verkehrseinrichtungen – Flug und Bahn – betroffen, wobei der Flugverkehr eine wichtige infrastrukturelle Basis für eine erfolgreiche globale Wirtschaft bildet. Im Zuge der Umsetzung von Lean Production wurden die Lager drastisch reduziert, da aufgrund der technischen Innovationen Vorprodukte nun just-in-time angeliefert werden können. Zudem gilt die Bahn im Vergleich zum Gütertransport in Lkws und zum Personentransport in Bussen als umweltfreundliches Verkehrsmittel. Zur Infrastruktur gehört auch die Post, die aufgrund des wachsenden Internethandels große Mengen von Paketen an die Kunden termingemäß ausliefern muss. Dabei ist das Online-Kaufhaus nur ein, wenn auch wichtiger Bereich des Internethandels, denn der Lieferservice kostet wenig bzw. nichts, was auch für die Rücksendung von Waren gilt. Bei diesem, für den (privaten) Kunden kostenlosen Geschäftsmodell erhöht sich das Paketaufkommen permanent. Zum anderen geht es um private bzw. öffentliche Leistungen – ÄrztInnen, Pflegende in Krankenhäusern und Heimen sowie ErzieherInnen in Kindertagesstätten –, auf die potenziell nahezu alle Gesellschaftsmitglieder zumindest zeitweise angewiesen sind. Der grundlegende gesellschaftliche Wandel, der sich in den Branchen manifestiert, ist einerseits primär sozio-ökonomischen und andererseits primär sozio-kulturellen Veränderungen geschuldet. Im ersten Fall handelt es sich um die steigende Konkurrenz in einer vor allem durch die Informations- und Kommunikationstechnologien weltweit vernetzten Wirtschaft unter der Maßgabe von forcierter Zeitknappheit und Beschleunigung. Im zweiten Fall geht es u. a. um ein neues Arrangement der Geschlechter – im Wesentlichen als Folge wachsender (Aus-)Bildung und qualifizierter Erwerbstätigkeit von Frauen. Dadurch wurde die geschlechtsspezifische Arbeitsteilung zumindest gelockert. Kindertagesstätten, die früher traditionell den Nachwuchs nur betreuten, gelten mittlerweile als wichtige Bildungseinrichtungen, wovon Kinder aus so genannten bildungsfernen Familien und von Immigranten besonders profitieren können. Es kann nicht verwundern, dass diese tief greifenden Entwicklungen auch die gewerkschaftliche Organisation tangiert haben und zukünftig weiterhin tangieren. Die Beschäftigten – Bahn-, Flugpersonal und angestellte ÄrztInnen – sind, sofern gewerkschaftlich organisiert, Mitglied der oben vorgestellten Spartengewerkschaften. Hingegen sind die bei der Post Tätigen und die ErzieherInnen in der Multibranchen-Gewerkschaft Verdi und in der GEW organisiert, und zwar mit wachsender Zahl. Allerdings haben die über eine Million Beschäftigten in den Einrichtungen von Caritas und Diakonie, die personenbezogene Dienstleistungen erbringen, aufgrund des kirchlichen Arbeitsrechts kein Streikrecht. Das Verbot ist in Kap. 5 noch zu kommentieren, denn es tangiert die neu sich formierende Streikbewegung in dieser Branche nachhaltig. Beamte bei Bahn und Post haben ebenfalls kein Streikrecht.

Im europäischen und internationalen Vergleich galt und gilt laut offizieller Statistik die Bundesrepublik als streikarmes Land. Diese Tatsache ist offensichtlich auch auf das gewachsene System der industriellen Beziehungen zurückzuführen. Dazu zählen die folgenden Merkmale: Die duale Organisation der Interessenvertretung, die tendenziell bürokratisch-zentralistische Gestalt der Gewerkschaften trotz des Gebots innerverbandlicher Demokratie, die Branchentarifverträge und das bei allen Akteuren über Jahrzehnte durch Verhandlungen und Streiks gewonnene Erfahrungswissen verbunden mit der zunehmenden Professionalisierung des Führungspersonals. Schließlich funktioniert in der Regel das Zusammenspiel zwischen organisatorischer Elite und den Mitgliedern. Die gewerkschaftlichen Funktionäre haben, wie angemerkt, nämlich nicht nur Macht durch ihre Mitglieder, sondern auch Macht über ihre Mitglieder. Eine weitere Ursache dafür dürfte auch der relativ neue Gewinn an Flexibilität durch betriebliche Öffnungsklauseln sein. Auf diese Weise wird die frühere Starrheit überwunden und Spielraum für betriebliche Belange gewonnen. Lange Zeit stimmten die objektiven Daten zur Streikhäufigkeit mit der subjektiven Wahrnehmung der BürgerInnen überein. Das hat sich meinem Eindruck nach in jüngster Zeit grundlegend verändert. Die teilweise gleichzeitig stattfindenden Streiks im Flug- und Bahnverkehr, bei der Post und der sogenannte Kita-Streik – allesamt in den Jahren 2014/2015 – haben das Streikvolumen zwar anschwellen lassen, ohne jedoch das im internationalen Vergleich traditionell niedrige Niveau zu überschreiten. So fielen 2015 in Deutschland „pro 1000 Beschäftigte (…) 15 Arbeitstage aus. In Frankreich waren es 132, in Dänemark 124, in Kanada 110, in Spanien 63. Vor allem in Dänemark und Kanada erhöhten Aussperrungen durch die Arbeitgeber das Arbeitskampfvolumen" (Esslinger 2016, S. 5). Große Teile der Öffentlichkeit haben allerdings den Eindruck, dass sich die bislang weitgehend wirtschaftsfriedliche Entwicklung dramatisch verändert. Wie lässt ich diese Diskrepanz erklären?

Auffällig scheint, dass die Funktionäre und Mitglieder der Spartengewerkschaften teilweise höchst streitig agieren, um ihre Interessen zu behaupten und ihre gruppenspezifischen Forderungen durchzusetzen. Diese Konfliktbereitschaft hängt mit dem Selbstverständnis der Spartengewerkschaften unmittelbar zusammen. Sie vertreten ausschließlich die Interessen einer Gruppe, d. h. diejenigen von Schlüsselpersonen einer Organisation. Bisweilen kommen allerdings außer Entgelt und Arbeitszeit weitere Verhandlungsgegenstände hinzu. Die Streiks finden teilweise nach monate- bzw. jahrelangen Verhandlungen statt. Die vorstehend aufgeführten Merkmale, die das Streikniveau in der Vergangenheit wahrscheinlich niedrig gehalten haben, treffen auf das veränderte Gefüge der Gewerkschaften im Zusammenhang mit dem allgemeinen sozio-ökonomischen Strukturwandel nicht mehr ohne weiteres zu.

Der Widerspruch zwischen objektiver Situation und subjektivem Empfinden hängt meinem Eindruck nach noch mit einem anderen Umstand zusammen. Gut möglich, dass es sich hierbei um *die bzw. eine* zentrale Ursache handelt. Die Streiks in den industriellen Branchen tangieren die Gesamtheit der Gesellschaftsmitglieder nicht so fundamental und direkt wie das bei den in Rede stehenden Auseinandersetzungen der Fall ist. Betroffen sind in erster Linie die Region, mögliche Kunden und die Familien der Streikenden selbst, die Einkommensverlust und je nach Streikanlass unter Umständen auch Arbeitsplatzverlust befürchten müssen. Solidarisch zeigt sich häufig auch das weitere soziale Umfeld. Die unmittelbaren sozialen Auswirkungen der Streiks waren und sind begrenzt, zumal die Gewerkschaften an ihre Mitglieder Streikgeld zahlen, das in der Regel zwar deutlich niedriger als das übliche Entgelt ist. Gleichwohl können die mittelbaren, vor allem die längerfristigen ökonomischen Effekte gravierend sein. Im deutlichen Unterschied dazu treffen die Streiks in den genannten Bereichen des Dienstleistungssektors Dritte, d. h. BürgerInnen, die offiziell unbeteiligt sind, und zwar ohne Zeitverzögerung und in großer Zahl, also direkt in ihrer beruflichen und außerberuflichen Lebenswelt. Sie sind zwar nicht die Adressaten des Streiks, aber die Folgen erweisen sich für sie als hart und sind bisweilen kaum zu bewältigen: Die Versorgung kranker Angehöriger und/oder die Kinderbetreuung sind nicht mehr gesichert, was den Betroffenen enorme Organisationsleistungen abverlangt. Die Organisation des Alltags kann vielfach nur mit Mühe über ein Netz von unterstützenden Personen aufrechterhalten werden. Die Streiks im Bahn- und Flugverkehr sowie bei der Post haben ebenfalls unmittelbar negative wirtschaftliche Folgen – durchaus in globaler Perspektive, von den mittelbaren erst gar nicht zu sprechen. Der berufliche Alltag der ArbeitnehmerInnen ist gravierend gestört und bisweilen können sie ihrer Erwerbsarbeit nur verspätet oder gar nicht aufnehmen. Ebenso sind Geschäfts- und Privatreisende sowie der Gütertransport durch Streiks im Flugverkehr blockiert. Das weit verbreitete und engagierte Plädoyer der Öffentlichkeit, den Arbeitskräften personenbezogener Dienstleistungen ein höheres Entgelt zu zahlen, nimmt vermutlich mit der Streikdauer ab, weil die Alltagsorganisation der BürgerInnen immer schwieriger wird. Es sind möglicherweise diese zunächst unbeabsichtigten, aber durchaus dramatischen Folgen, die die angesprochene Diskrepanz zu erklären vermögen. So schwindet die meines Erachtens unabdingbare zivilgesellschaftliche Akzeptanz und Unterstützung solcher Streikbewegungen, was für die Gewerkschaften hinsichtlich ihrer Strategieplanung eine erhebliche Herausforderung bedeutet.

Der Blick richtet sich nun auf den konkreten Anlass, den zeitlichen, teilweise turbulenten Verlauf und schließlich auf das Ergebnis des Streiks für die Beschäftigten.

Deutsche Bahn AG

Das *erste Beispiel* ist der Streik bei der Deutschen Bahn AG, die 1994 in Folge der Wiedervereinigung aus dem Zusammenschluss der Deutschen Bundesbahn und der Deutschen Reichsbahn entstand (vgl. Krol und Schmid 2002, S. 171 f.). In Tarifverhandlungen ist das Bahnmanagement mit zwei Gewerkschaften konfrontiert, nämlich der EVG mit 240.000 Mitgliedern und der im DBB organisierten Gewerkschaft Deutscher Lokführer (GDL) mit 34.000 Mitgliedern. Diese kleine Berufsgewerkschaft stammt aus den Anfängen der Gewerkschaftsbewegung im 19. Jahrhundert (vgl. Dettmer und Schmergal 2014, S. 76). Nach einem Streik schloss die GDL bereits 2008 einen eigenständigen Tarifvertrag für die Lokführer ab. In der Streikbewegung von 2014/2015 mit insgesamt neun flächendeckenden Arbeitsniederlegungen im Güter- und Personenverkehr – insgesamt über 420 h – stritt die GDL nicht nur für ein, um 5 % höheres Entgelt und für eine, um eine Stunde verkürzte Arbeitszeit, sondern auch für das Recht, über die Lokführer hinaus für weitere Beschäftigtengruppen, für die bislang die EVG zuständig war, Tarifverträge abzuschließen. Bei den Gruppen handelt es sich um Zugbegleiter, Bordgastronomen, Lokrangierführer, Disponenten und Ausbilder. Dieses Anliegen, das die die Machtressourcen der GDL verstärken würde, verschärfte den über ein Jahr dauernden Konflikt. Das Ziel der Deutschen Bahn AG in dieser Auseinandersetzung war, unterschiedliche Tarifverträge für gleiche Arbeitnehmergruppen auf jeden Fall zu verhindern. Ausgeschlossen wurde aber eine Aussperrung, denn diese hätte die Folgen des Streiks für die Kunden noch intensiviert. Eine Schlichtung auf Vorschlag der Bahn wurde zunächst von der GDL abgelehnt, obwohl der große Senat des BAG 1971 eine solche Verhandlung vor einem Streik gefordert hatte (vgl. Esslinger und Prantl 2015, S. 2). Eine staatlich vorgeschriebene Zwangsschlichtung wie in der Weimarer Republik kennt die Bundesrepublik allerdings nicht. Während der fünfwöchigen Schlichtung wurde der GDL-Streik, der im Mai 2015 mit 127 h im Personen- und 138 h im Güterverkehr einen Rekord erreichte, unterbrochen und es herrschte Friedenspflicht (vgl. Öchsner 2015a, S. 7). Parallel dazu führte die Bahn Tarifverhandlungen mit der EVG, die ihre Mitglieder aus den Werkstätten und Büros rekrutiert, aber auch die Mehrheit der Zugbegleiter organisiert. Ein Tarifvertrag wurde bereits im Mai 2015 geschlossen. Die Schlichtung zwischen der Deutschen Bahn AG und der GDL endete Anfang Juli 2015 mit einem Tarifvertrag, der folgende Vereinbarungen enthält (vgl. Öchsner 2015b, S. 21): Bis Ende September 2016 sind neue Streiks ausgeschlossen, Überstunden werden bis Ende 2017 abgebaut und weitere 300 Lokführer und 100 Zugbegleiter eingestellt und ab 2018 wird die Wochenarbeitszeit der Lokführer um eine Stunde reduziert. Innerhalb von zwei Jahren wird erwartet, dass diese Übereinkunft von der EVG übernommen wird. Vonseiten der Deutschen Bahn AG wird der GDL zugestanden, auch über die Lokführer hinaus die genannten Arbeitskräfte zu vertreten, ohne dass die Verträge beider Gewerkschaften kollidieren – so zumindest die Hoffnung des Personalvorstands. Immerhin wurde für die GDL und die EVG ein übereinstimmender Entgelttarifvertrag ausgehandelt, nämlich eine Erhöhung in zwei Stufen um 5,1 % bei einer Laufzeit bis September 2016. Die ArbeitnehmerInnen der unteren Lohngruppen, die üblicherweise in der EVG organisiert sind, sollen jedoch mindestens eine Erhöhung von 120 EUR im Monat erhalten (vgl. Bauchmüller 2015, S. 5). Darüber hinaus einigten sich die Deutsche Bahn AG und die GDL bis 2020 auf ein Schlichtungsverfahren, falls Verhandlungen scheitern und ein Streik droht. Das Tarifeinheitsgesetz wird, sollte es vom BVG akzeptiert werden, bei der Bahn zunächst nicht angewendet (vgl. Öchsner 2015b, S. 21). Die langen Streiks, wovon Millionen Kunden betroffen waren, haben die Transporte über Fernbus und LKW wieder attraktiver erscheinen lassen und ihnen einen deutlichen Zuwachs beschert. Selbstfahrende Fahrzeuge als eine nicht mehr utopisch anmutende Entwicklung könnten diesen Trend zukünftig noch verstärken. Eine umfassende Automatisierung der Bahn, die die Lokführer überflüssig macht, wurde zwar schon gegen den Streik ins Feld geführt, ohne in absehbarer Zeit vermutlich realisiert zu werden. Offenkundig wird jedoch, dass die Mobilität der Zukunft kaum in den bisherigen Bahnen verlaufen wird.

Deutsche Post AG

Das *zweite Beispiel* bezieht sich auf die Deutsche Post AG, die 1995 im Zuge der Privatisierungspolitik aus einem öffentlichen, also staatlichen Unternehmen gegründet wurde und sich zu einem global agierenden Logistik-Konzern entwickelt hat mit 444.000 Beschäftigten weltweit. Das DAX-Unternehmen beschäftigte im ersten Quartal 2015 in der Bundesrepublik 180.000 Beschäftigte, davon 40.00 Beamte, 86.000 Briefzusteller und 14.700 Paketzusteller. Bei den Letzteren betrug die Zahl 2014 nur 10.000. Der zunehmende Internethandel erklärt diesen Anstieg. Die Gesamtzahl der in Deutschland tätigen ArbeitnehmerInnen hat sich in den letzten fünf Jahren um 20.000 erhöht. Das Unternehmen hat einen Marktanteil von 40 %, während die Konkurrenten insgesamt – die amerikanischen Anbieter UPS und Fedex sowie der niederländische TNT – diesen Anteil unterschreiten. Der Marktführer Deutsche Post AG transportiert weltweit Pakete und Güter und ist immer profitabler geworden. So betrug die Rendite 2014 5,2 %, bis 2020 wird eine jährliche Steigerung von 8 % angestrebt; seit

2009 verfünffachte sich nahezu der Aktienkurs mit positiven Folgen für die Dividende (vgl. Bialdiga 2015, S. 2). Bei dieser glänzenden Geschäftsbilanz verwundert zunächst, dass im Frühsommer 2015 das Unternehmen von Verdi einschließlich Warnstreiks mehr als vier Wochen bestreikt wurde. Wie üblich bezog sich die gewerkschaftliche Forderung auf eine Erhöhung des Entgelts und eine Absenkung der Arbeitszeit, was allerdings nur vordergründig war. Ursache des Konflikts war, dass die Deutsche Post AG aus einem gültigen Tarifvertrag ausgeschieden war, der eine Ausgründung von Geschäftsbereichen ausschloss – so die Verdi-Verhandlungsführerin Andrea Kocsis (2015b, S. 31 f.). Daher war es das eigentliche gewerkschaftliche Ziel, gegen das Ansinnen des Konzerns vorzugehen, nämlich eine Auslagerung eines Teils der Paketzustellung in eine neu gegründete Firma mit gegenüber dem Haustarifvertrag niedrigem Entgelt zu verhindern. Der Lohn war allerdings noch höher angesetzt als derjenige, den konkurrierende Firmen ihren Paketzustellern zahlen. Im Vergleich zur Stammbelegschaft war es jedoch eine Kürzung um 20 %, wobei gleichzeitig die Dividende für die Aktionäre erhöht wurde (vgl. Bialdiga 2015, S. 2). Wie wichtig für Verdi dieses Ziel war, zeigt sich darin, dass die Gewerkschaft zwischenzeitlich sogar bereit war, auf eine prozentuale Lohnerhöhung für das laufende Jahr zu verzichten, sofern der Arbeitgeber seine Pläne aufgeben würde (vgl. Esslinger 2015a, S. 4). Von der Auslagerung in 49 regionale Gesellschaften mit dem Namen DHL-Delivery und der damit einhergehenden Kostensenkung versprach bzw. verspricht sich die Deutsche Post AG, auch zukünftig dem Wettbewerb standhalten zu können. In der ausgelagerten Tochtergesellschaft waren Mitte 2015 schon 6.000 Beschäftigte tätig; bis 2020 soll deren Zahl auf 10.000 steigen (vgl. Bohsem 2015, S. 2). Da Verdi gegen den organisatorischen Umbau aufgrund des Prinzips unternehmerischer Freiheit rechtlich nicht vorgehen konnte, wurde ein Umweg eingeschlagen, d. h. die Kündigung des Tarifvertrags (vgl. Kocsis 2015a, S. 19). Im Einzelnen lautete die gewerkschaftliche Forderung für die 140.000 Angestellten: Absenkung der wöchentlichen Arbeitszeit von 38,5 auf 36 h bei vollem Lohnausgleich und 5,5 % Lohnerhöhung. Die Beschäftigten bei der Deutschen Post AG sind gewerkschaftlich gut organisiert. Gemäß den Angaben von Verdi sind vier von fünf ArbeitnehmerInnen Verdi-Mitglieder (vgl. Esslinger 2015b, S. 22). Nach sechs Verhandlungsrunden erklärte Verdi das Scheitern der Tarifgespräche und trat nach der Urabstimmung in den unbefristeten Streik. Der Konzernchef Gerdes hatte zuvor eine Schlichtung abgelehnt, da das eigentliche Ziel der Gewerkschaften „unzulässig" sei: ‚,, Wie wir unser Unternehmen organisieren, ist eine unternehmerische Entscheidung.' Und diese könne die Post ohne die Gewerkschaft treffen. Deshalb komme auch keine Schlichtung infrage. ‚Man kann

da keinen Schritt aufeinander zugehen'" (zitiert nach: Bohsem 2015, S. 2).
Dieser sukzessive, allmählich anschwellende Streik eskalierte, als der Kon-
zern Beamte, die diesen Status im Zuge der Privatisierung beibehalten hatten,
angeblich freiwillig als Streikbrecher einsetzte, obwohl das BVG sich bereits
1993 dagegen ausgesprochen hatte. Auch seinerzeit ging es um einen Streik bei
der Post. Die Verfügung der Richter lautete: Die Post darf nicht „„den Einsatz
von Beamten auf bestreikten Arbeitsplätzen anordnen (…), solange dafür keine
gesetzliche Regelung vorhanden ist'" (Esslinger 2015c, S. 2). Mit diesem Verdikt wollten die Richter verhindern, dass der Staat bei Streiks gegenüber privaten Arbeitgebern im Vorteil ist. Daher verwundert, dass das Amtsgericht Bonn
2015 den Einsatz von Beamten als Streikbrecher für Rechtens erklärte. Gut
möglich, dass die mittlerweile vollzogene Privatisierung der Post dabei eine
Rolle spielte. Überdies spitzte sich der Streik auch deshalb zu, weil die Deutsche Post AG ArbeitnehmerInnen mit Werkvertrag, Leiharbeiter und Aushil-
fen am Sonntag einsetzte, um die Auslieferung von Paketen und Briefen nicht
völlig zum Erliegen zu bringen (vgl. Brühl und Esslinger 2015, S. 21). Anfang
Juli 2015 wurde zwischen den Kontrahenten ein Tarifvertrag geschlossen und
damit endete der Streik. Gleichzeitig schoss der Aktienkurs um 4 % nach
oben (vgl. Busse 2015, S. 19). Inhalt der Vereinbarung ist: Die 49 ausgelagerten Gesellschaften für die Paketzustellung haben dauerhaft Bestand und deren
MitarbeiterInnen werden nicht nach dem Haustarifvertrag der Deutsche Post
AG entgolten. Im laufenden Jahr gibt es nur eine Einmalzahlung in Höhe von
400 EUR. Im Oktober 2016 folgt eine Erhöhung des Entgelts um 2 und ein Jahr
später um 1,7 %. Auszubildende, die dieses Jahr ihre Lehre beenden, werden
unbefristet übernommen, ebenso die MitarbeiterInnen, die seit zwei Jahren mit
einem befristeten Vertrag tätig sind. Bis 2019 sind betriebsbedingte Kündigungen ausgeschlossen. Eine Fremdvergabe an Subunternehmen und weitere Ausgründungen sind bis Ende 2018 ausgeschlossen (vgl. Esslinger 2015d, S. 1).
Der Trend zur Automatisierung zeigt sich auch bei der Post. Derzeit wird mit
Robotern experimentiert, die Pakete liefern (vgl. Witsch 2016, S. 25).

Deutsche Lufthansa AG

Das *dritte Beispiel* behandelt die Streiks bei der Deutsche Lufthansa AG, die
neben Verdi für das Bodenpersonal von zwei Spartengewerkschaften Cockpit
(CP) für die Piloten und die Unabhängige Flugbegleiter Organisation (UFO)
für das Kabinenpersonal ausgerufen wurden. Darüber hinaus ist Verdi für das
Sicherheitspersonal des Flughafenbetreibers zuständig, während die Fluglotsen wiederum in der Gewerkschaft der Fluglotsen (GdF) organisiert sind. Im

Folgenden interessiert das Handeln der den Streik anführenden Gewerkschaften CP und UFO. Angesichts der Schlüsselrolle ihrer Mitglieder in der Luftfahrt kann nicht verwundern, dass sich auf deren Politik das Interesse der Öffentlichkeit richtet. In 2014/2015 wurde 14 Mal gestreikt, und zwar überwiegend von den Piloten. Die Deutsche Lufthansa AG hat derzeit etwa 120.000 Beschäftigte, davon gehören 33.000 zum Bodenpersonal, 19.000 sind Flugbegleiter und etwa 5.000 Piloten. Sie war bis 1962 vollständig in staatlichem Besitz. In den folgenden Jahren verringerte sich der staatliche Anteil bis das Unternehmen 1997 privatisiert wurde. Die Luftfahrt sichert mit dem Transport von Personen und Gütern als zentrale Geschäftsfelder eine wesentliche Voraussetzung für eine globale, vernetzte Wirtschaft. In den knappen Worten des Lufthansa-Chefs Carsten Spohr (2015, S. 31): „Die Exportnation Deutschland braucht (…) die Lufthansa." Diese sieht sich mit Wettbewerbern wie Easyjet, Ryanair und arabischen Fluglinien konfrontiert, die ihre Leistungen kostengünstiger anbieten und dadurch einen enormen Veränderungsdruck auslösen: „Die Lufthansa kann als relevante Fluglinie nur überleben, wenn sie sich erneuert, Kosten spart und Strukturen reformiert", so lautet das dezidierte Statement Thomas Sattelbergers (2015: 25), dem früheren Personaldirektor des Unternehmens. Die Pläne sollen im Wesentlichen für neu eingestellte MitarbeiterInnen gelten. Bei der Kostensenkung steht das bisherige Niveau bei Entgelt und Arbeitszeit sowie bei der Übergangs- und Altersversorgung zur Disposition. Flugbegleiter und Piloten scheiden schon mit 55 Jahren aus, was hohe Kosten für das Unternehmen verursacht. Die Ausschüttung von Dividende an die Aktionäre wurde bereits wiederholt ausgesetzt. Die derzeit hohen Gewinne sind wohl allein dem niedrigen Ölpreis zu verdanken und voraussichtlich nur vorübergehend. Die Kostensenkung soll auch über die Neugründung der in Wien ansässigen Fluglinie Eurowings erreicht werden, die ihren Beschäftigten niedrigere Konditionen bei Entgelt und Arbeitszeit anbietet und um rund 40 % günstiger ist (vgl. Flottau 2015, S. 17). Diese Programme haben den Widerstand der Piloten und Flugbegleiter sowie des Bodenpersonals ausgelöst und zu den häufigen, lang anhaltenden Streiks geführt. Bei den Piloten ist nach dem Scheitern der Schlichtung im Herbst die Auseinandersetzung im Herbst 2016 noch nicht beendet. Hingegen haben sich Verdi und die UFO mit der Lufthansa inzwischen, vor Beginn der Schlichtung auf einen Tarifvertrag geeinigt. Dieser sieht z. B. für die Flugbegleiter, die im November 2014 eine Woche gestreikt hatten – einer der größten Streiks in der Luftfahrt –, eine Einmalzahlung von 3.000 EUR für 2015 vor und ab dem 1. Januar 2016 eine Gehaltssteigerung von 2,2 % (vgl. Flottau 2016, S. 30). Der Tarifvertrag endet allerdings schon am 1. September 2016. In einer anschließenden Schlichtung wurde Folgendes vereinbart: Ab 1. Oktober 2016

erhalten die Flugbegleiter 1 % und ab Januar 2018 2 % mehr Gehalt. Das Ent-
geld hängt zukünftig stärker von der Qualifikation ab und nur über Weiterbildung können die höchsten Vergütungsgruppen erreicht werden. Zusammen mit
den Vereinbarungen über die Höhe der Ruhestandsbezüge sinken dadurch die
Personalkosten (vgl. Burfeind 2016, S. 20). Die Streiksituation ist vergleichbar mit der bei der Deutsche Post AG: Vordergründig handelt es sich um eine
übliche Tarifauseinandersetzung, dahinter stehe aber „das Gespenst Eurowings"
(ebd., S. 25). Vor allem CP scheint das Outsourcing eher verhindern zu wollen,
während UfO kompromissbereiter erscheint, d. h. über die Arbeitsstandards zu
verhandeln bereit ist. Es handelt sich erneut um einen Grenzkonflikt zwischen
Tarifautonomie und unternehmerischer Freiheit, d. h. das Management hat
gemäß der geltenden Wirtschaftsordnung das Recht, über die Organisationsstruktur des Unternehmens einschließlich eventueller Ausgründungen autonom
zu entscheiden. Daher kann nicht erstaunen, dass das zuständige Landesar-
beitsgericht (LAG) Hessen den Streik von Cockpit untersagte (vgl. Bauer 2015,
S. 18). Inzwischen haben die betroffenen Gewerkschaften ihre organisatorische
Autonomie begrenzt und sich länderübergreifend, d. h. dort, wo die Lufthansa
unternehmerisch aktiv ist, vereint. Damit wollen sie ihre Verhandlungsmacht
mit Blick auf Eurowings stärken, um ein Lohn- und Sozialdumping zu verhindern bzw. zu begrenzen. Unter dem Namen „Dach" schlossen sich CP, UfO, die
österreichische Vida und die Schweizer Gewerkschaften Kapers und Aeropers
zu einem Bündnis zusammen (vgl. Süddeutsche Zeitung 2016, S. 21).

Kita-Streik

Das *vierte Beispiel* thematisiert den unter dem Stichwort Kita-Streik kommu-
nizierten Streik der 240.000 kommunalen Beschäftigten – in der Mehrzahl
weiblich – in den Bereichen Erziehung, Sozialarbeit, Sozialpädagogik, Kin-
derpflege und Behindertenbetreuung, die bei Verdi, bei der GEW und im DDB
als Deutscher Berufsverband für Soziale Arbeit e. V. (DBSH) gewerkschaftlich organisiert sind. Verhandlungspartner ist die Vereinigung kommunaler
Arbeitgeber (VKA). Private und kirchliche Träger solcher Einrichtungen sind
nicht vom Streik betroffen. Dabei handelt es sich um etwa 17.500 Kitas mit
1,8 Mio. Kindern, die entsprechenden Zahlen für die Kommunen lauten etwa
53.000 Kitas mit 3,2 Mio. Kindern. Erst seit 2009 gibt es für die Sozial- und
Erziehungsberufe einen eigenen Tarifvertrag. Der Rechtsanspruch auf einen
Betreuungsplatz hat den Ausbau von Krippen, Kindergärten und Horten in
den letzten Jahren deutlich ansteigen lassen. Das Personal in den kommunalen
Kitas wuchs um 6,4 % auf 187.000 Beschäftigte, allein bei den Erzieherinnen

betrug seit 2008 der Anstieg 37 %. Dieser Beruf ist mit einem Anteil von 96 % nach wie vor ein Frauenberuf, wobei 62 % der Beschäftigten in Teilzeit und 11 % befristet tätig sind (vgl. Heidenreich 2015a, S. 5). Folglich ist auch die ganz überwiegende Mehrheit der Streikenden weiblich. Der Anstieg darf jedoch nicht darüber hinweg täuschen, dass die Betreuung in quantitativer wie qualitativer Hinsicht nach wie vor als unzureichend angesehen wird, so auch von ExpertInnen aus Wissenschaft und Praxis. Daher überrascht nicht, dass die Opposition im Bundestag im Mai 2015 ein bundeseinheitliches Qualitätsgesetz forderte, das jedoch bei der Regierung keine positive Resonanz fand. Der im Frühjahr und Sommer 2015 bundesweit ausgerufene Streik sollte zeitlich unbegrenzt sein. Immerhin währte er ununterbrochen vier Wochen. Die Gewerkschaften forderten für diese Gruppen eine höhere Eingruppierung und nicht nur ein höheres Entgelt. Insgesamt bedeutete diese Forderung eine Erhöhung um 10 %. Damit sollte den zweifellos gestiegenen Anforderungen in der Kinderbetreuung und -erziehung Rechnung getragen werden. Dieses Ziel, die Erziehungsberufe aufzuwerten, stieß und stößt nach wie vor auf eine breite Zustimmung in der Bevölkerung, die jedoch durch die bisweilen turbulenten Auswirkungen des Streiks auf die Alltagsorganisation eingetrübt sein dürfte. Dabei versuchten nicht nur private Netzwerke, sondern auch die Arbeitgeber der Eltern, die negativen Konsequenzen für die Kinderbetreuung – zumindest teilweise – aufzufangen. Der hier sichtbar werdende Widerspruch zwischen einer abstrakten Forderung und einem konfliktreichen, längerfristigen Durchsetzungsprozess mit gravierenden Folgen für die private Lebenswelt der BürgerInnen, der deren ursprüngliches Engagement vermutlich entkräftet, wird noch zu thematisieren sein. Arbeitgeber und Gewerkschaften verständigten sich im Verlauf der Auseinandersetzung auf eine Schlichtung. Mit dem Gebot der Friedenspflicht war der Streik ausgesetzt. Ende Juni legten die diesbezüglichen Akteure einen Kompromiss vor, der, so die optimistische Annahme, die Tarifauseinandersetzung beenden sollte. Der Inhalt der Vereinbarung war folgender (vgl. Esslinger und Heidenreich 2015, S. 1): Das Entgelt sollte sich zwischen 2 und 4,5 % erhöhen. Damit war der Anstieg um mehr als die Hälfte niedriger als die ursprüngliche Forderung. Erzieherinnen und Kita-Leiterinnen sowie deren Stellvertreterinnen sollten eine Entgeltgruppe aufrücken, Kinderpflegerinnen blieben in ihrer Entgeltgruppe, aber vorgesehen war eine Gehaltserhöhung, wovon Ältere besonders profitieren sollten. Die Forderung der Arbeitgeber, eine höhere Eingruppierung für Erzieherinnen an eine Weiterbildung zu koppeln, akzeptierten die Gewerkschaften nicht. Da die Funktionäre und die Mitglieder der Gewerkschaften den Schlichterspruch ablehnten, war die Schlichtung gescheitert. Nach den Sommerferien drohten

daher neue Streiks. Letztlich kam es dazu nicht, sondern die Tarifvertragsparteien verhandelten erneut und legten Ende September 2015 eine neue Vereinbarung vor (vgl. Heidenreich 2015b, S. 1): Bei den älteren Erzieherinnen
sind nun die Entgeltzuwächse geringer, während sie bei den jüngeren höher
ausfallen mit der Begründung, den Beruf für Einsteiger attraktiver zu machen.
Die SozialarbeiterInnen im Allgemeinen Sozialdienst, ursprünglich überhaupt
nicht berücksichtigt, erhalten nun eine Erhöhung zwischen 30 und 80 EUR
monatlich, wofür die Arbeitgeber neun Millionen Euro zusätzlich bereitstel-
len. Insgesamt erhöht sich die jährliche Mehrbelastung der kommunalen Haus-
halte um 315 Mio. EUR. Der durchschnittliche Einkommensanstieg bei den
Beschäftigten beläuft sich nach Aussagen der VKA auf 3,3 %, während Verdi
von 3,7 % ausgeht. Diesem Schlichterspruch stimmten die Gewerkschaftsmitglieder zu, und zwar bei Verdi mit 57,2 %, bei der GEW mit 72 % und beim
DDB mit 64 % (vgl. Süddeutsche Zeitung 2015, S. 6).

Fazit und Perspektiven 5

In historischer wie aktueller Sicht verbindet sich ein kapitalistisches Wirtschaftssystem keineswegs zwangsläufig mit einem demokratischen Rechtsstaat, von einem entwickelten Sozialstaat erst gar nicht zu sprechen. Ein solcher Rechtsstaat stellt erst die Voraussetzungen für ein partizipatives System der industriellen Beziehungen bzw. der Arbeitsbeziehungen her und mithin auch ein Streikrecht. Obrigkeitsstaatliche, autoritäre und totalitäre Systeme verbieten freie, d. h. vom Staat unabhängige Gewerkschaften und mithin auch Streiks. Streiks sind eingebettet in gesellschaftliche Rahmenbedingungen, die die Ereignisse, die Abläufe und die Ergebnisse der Auseinandersetzungen mitbestimmen. Das gilt sowohl für legale als auch für illegale Streiks, die wie bei politischen und „wilden Streiks" die rechtliche Einhegung überschreiten – so zumindest in der Bundesrepublik Deutschland. Gesellschaftliche Konflikte – einschließlich der Arbeitskonflikte – können demzufolge eine Schlagkraft entwickeln, die den vorgegebenen rechtlichen Rahmen sprengt. Das System der industriellen Beziehungen ist pfadabhängig, d. h. es ist in spezifischer Weise von sozio-historischen und sozio-politischen Entwicklungen nachhaltig geprägt, wobei verschiedene Krisen diese Prozesse zurückdrängen, behindern, aber auch antreiben können. Von einer konfliktfreien, reibungslosen Dynamik kann keine Rede sein.

Wie eingangs vermerkt wird der Kontext von vier Dimensionen gebildet. Die Stichworte dazu lauten: Wirtschaftsgesellschaft im globalen Wandel, Wandel von Arbeit, Wandel der Geschlechterverhältnisse und Wandel der industriellen Beziehungen. Sie skizzieren einen Horizont, der meines Erachtens geeignet ist, um das aktuelle Streikgeschehen zu analysieren und zu verstehen. Besonders seit den neunziger Jahren des vergangenen Jahrhunderts ist in allen Dimensionen eine rasante und tief greifende Dynamik zu erkennen. Hingegen zeichneten sich die angesprochenen gesellschaftlichen Teilsysteme in den ersten Jahrzehnten

© Springer Fachmedien Wiesbaden 2017
I. Raehlmann, *Streik im Wandel,* essentials,
DOI 10.1007/978-3-658-15290-1_5

der Bundesrepublik durch eine vergleichsweise hohe Stabilität aus, die beispielsweise durch ein kontinuierliches Wirtschaftswachstum erzielt wurde, einen ste-
tigen Ausbau des Sozialstaates bei einem traditionellen Geschlechterverhältnis
und durch eine keynesianisch aufgeklärte Wirtschaftspolitik, die wirtschaftliche
Einbrüche zu verhindern versuchte. Diese Stabilität ist jedoch mit Starrheit nicht
zu verwechseln, denn unterschwellig bahnten sich bereits damals jene Entwicklungen an, die schon in den siebziger Jahren mehr oder weniger offensichtlich
wurden, aber erst nach dem Zusammenbruch der sozialistischen Wirtschaftsgesellschaften voll zum Durchbruch kamen. Mit anderen Worten: Was Jürgen
Habermas (1985) früh als „Die Neue Unübersichtlichkeit", als Krise des Wohl-
fahrtstaates diagnostizierte, kam nun ganz und gar zur Geltung.

Die empirische Basis der folgenden zusammenfassenden und einordnenden
Überlegungen ist schmal, sodass diesbezügliche Kritik nicht überraschen kann.
Gleichwohl beansprucht die exemplarische Analyse, einige grundsätzliche, über
den Einzelfall hinausgehende Aussagen treffen zu können. Die Auswahl der Bei-
spiele ist keineswegs beliebig, sondern ließ sich von dem Gedanken leiten, solche
Streiks zu thematisieren, in denen um bedeutende, da zukunftsweisende Sachverhalte gerungen wurde und wird. Das gilt mehr ober weniger sowohl für den
industriellen wie für den dienstleistenden Sektor. Die Konfrontation der beiden
Sektoren einschließlich der komplexen, mehrdimensionalen, beschleunigt sich
verändernden Rahmenbedingungen legt erst den tief greifenden Wandel, mit dem
Streiks derzeit konfrontiert sind, offen. Es geht dabei um die mittelbaren negativen ökonomischen Folgen, die für die Gesellschaftsmitglieder auf den ersten
Blick relativ abstrakt sind, aber mehr noch um die unmittelbaren Folgen für die
Gesellschaft insgesamt, die teilweise sehr konkret und direkt das Alltagsleben
derselben tangieren und die gewohnte Ordnung in Unordnung bringen.

Der Blick richtete sich zunächst auf die industriellen Streiks in den ersten
Jahrzehnten der Bundesrepublik. Zuvor jedoch ging es um jene Auseinandersetzungen, die durch das Recht nicht gedeckt waren. Der vom DGB angekündigte
politische Streik um die paritätische Mitbestimmung in der Montanindustrie
(1951) und die „wilden Streiks" (1969) waren und wären illegal gewesen, aber
ein Infragestellen des demokratischen und sozialen Rechtsstaates der Bundesrepublik und der herrschenden Wirtschafts- und Gesellschaftsordnung ging damit
nicht einher. Der erste Fall handelt von der Auseinandersetzung um die Stellung
der Gewerkschaften in der Verfassungsordnung (Pirker), also um Einfluss und
Macht, der zweite Fall von einer als gerecht angesehenen Teilhabe der ArbeitnehmerInnen am wachsenden wirtschaftlichen Wohlstand (Schumann et al.
1971). Gleichwohl hatten beide Konflikte nachhaltige Wirkungen: Die Forderung
nach paritätischer Mitbestimmung blieb in den folgenden Jahrzehnten auf der

politischen Agenda und führte nach vielen Kontroversen in leicht abgeschwächter Form zum Mitbestimmungsgesetz von 1976 (vgl. Raehlmann 1975). Die „wilden Streiks" veränderten in den siebziger Jahren die Tarifpolitik, „die in Phasen militanter Lohnauseinandersetzungen und Kämpfen gegen unternehmerische Rationalisierungsmaßnahmen mit ausgedehnten Streiks und Aussperrungen ihren Ausdruck fand" (Müller-Jentsch und Ittermann 2000, S. 186).

Die drei folgenden, maßgeblich von der IG Metall geführten Streiks waren offensiv, auf die Verbesserung der Arbeits- und Lebensbedingungen der Beschäftigten ausgerichtet. Sie fanden in den volkswirtschaftlichen Schlüsselindustrien statt und in den Tarifbezirken Schleswig-Holstein, NRW und Nordwürttemberg/ Nordbaden. In den beiden zuletzt genannten Regionen werden gewöhnlich tarifliche Durchbrüche erzielt. Die Teilnahme (1984) der IG Druck und Papier war dem Strukturwandel im Druck- und Mediensektor geschuldet, denn durch den Einsatz der Informations- und Kommunikationstechnologie veraltete die berufliche Qualifikation der Beschäftigten. Die Gewerkschaft reagierte darauf mit „einer Radikalisierung der Interessenpolitik" (ebd. S. 187). Die Ergebnisse der die unmittelbaren Konflikte beendenden Verhandlungen – auch im Rahmen einer Schlichtung – trugen faktisch oder zumindest der Intention nach zum Ausbau des Sozialstaates bei. Das Muster, dass sich bei dem Streik (1956/1957) um die Lohnfortzahlung im Krankheitsfall ohne Karenztage auch für ArbeiterInnen identifizieren lässt, ist nicht ohne Vorläufer: Ursprünglich tarifliche Regelungen wurden später in gesetzliche transformiert. Die Lohnrahmentarifvertrag II (1973) als Teil einer gewerkschaftlichen, auch unternehmerischen sowie staatlichen Politik um eine Humanisierung der Arbeitswelt blieb ein Solitär in der Tariflandschaft, d. h. von ihm ging keine Breitenwirkung aus. Der Streik um die 35-h-Woche (1984), auf den die Arbeitgeber mit Aussperrung antworteten, brachte für die Gewerkschaften kaum die erhofften positiven Wirkungen für die Beschäftigung, zumal die Arbeitszeitverkürzung erst Mitte der neunziger Jahre vollständig erreicht wurde. Gegen einen Zuwachs an Beschäftigung sprachen zudem die folgenden Fakten: Das Wirtschaftswachstum war schwächer geworden, die Zahl der Erwerbspersonen nahm zu und die Rationalisierung in den Unternehmen schritt weiter voran. Der Einstieg in neue Formen flexibler Gestaltung der Arbeitszeit verbunden mit Arbeitszeitkonten – das Zugeständnis an die Arbeitgeber – veränderte mit der Zeit die inner- und außerbetriebliche Zeitkultur jedoch grundlegender als die von der IG Metall intendierte, eher starre tägliche oder wöchentliche Arbeitszeitverkürzung. In den nachfolgenden Jahrzehnten entwickelte sich nämlich auf der Grundlage von Konzepten flexibler Gestaltung ein weitreichender und tief greifender, bis heute andauernder Umbruch der Arbeits- und Beschäftigungsbedingungen.

Nachfolgend richtete sich der Blick auf die aktuellen Streiks in den dienstleistenden Branchen. Die Annahmen der Modernisierungstheorien, wonach im Zuge
gesellschaftlicher Modernisierung Streiks abnehmen, als überflüssig erscheinen
und möglicherweise einer von Klassenkämpfen geprägten Vergangenheit ange-
hören, gehen in die Irre (vgl. Müller-Jentsch 1997, S. 213). Wir erleben in der
Bundesrepublik derzeit genau das Gegenteil. Es sind unterschiedliche, durchaus
konkurrierende Gewerkschaften – teilweise in einem Unternehmen – aktiv. Die
ArbeitnehmerInnen entfalteten zusammen mit ihren Interessenorganisationen eine
erstaunliche Konfliktbereitschaft, die zu längeren und langen Streiks mit gescheiterten Schlichtungen führte. Der Kita-Streik mit der Ablehnung der Schlichtung
zeigt möglicherweise, dass bislang den Beschäftigten weitestgehend Streiker-
fahrungen fehlen und so auch die damit verbundenen generationsübergreifenden
Lernprozesse. Das kann auch auf die Piloten und das Kabinenpersonal bei der
Lufthansa zutreffen. Immerhin könnte die Streikerfahrung dazu führen, dass sich
die gewerkschaftlichen Mitgliederzahlen erhöhen, zumal schon 2009 nach dem
Streik im Sozial- und Erziehungsdienst in NRW 2000 Neuzugänge zu registrie-
ren waren (vgl. Dribbusch 2011, S. 242). Das BVG, das 2010 den bislang geltenden Grundsatz „ein Betrieb, eine Gewerkschaft" und dadurch die bislang
geltende Tarifeinheit für illegal erklärte, erkannte die Spartengewerkschaften als
Tarifpartner an. Diese neue Legalität zeigte sich beim Streik der Deutsche Lufthansa AG und der Deutsche Bahn AG: Die Konfrontation von EVG und GdL, die
zum Teil dasselbe Klientel vertreten, beförderte vor allem die Kampfbereitschaft
der GdL, zumal diese ihre Macht durch die Vertretung weiterer Beschäftigungs-
gruppen ausdehnen und stärken wollte. Die veränderte Rolle der Betriebsräte
als Co-Manager lässt Aussperrungen als Gegenwehr der ArbeitgeberInnen kaum
mehr opportun erscheinen. Das Management der Bahn teilt diese Position und
argumentierte wie folgt: Durch Aussperrungen würden die unmittelbaren Folgen
für die BürgerInnen und die Gesamtgesellschaft potenziert, d. h. wirtschaftliche
Aktivitäten würden schlimmstenfalls aus Mangel an kurzfristigen alternativen
Transportmitteln eingestellt. Die Bahn würde an Reputation verlieren. Eine ver-
gleichbare Haltung darf auch bei der Lufthansa und bei der Post vermutet werden. Auffällig ist, dass die Streiks bei der Post und der Lufthansa die Grenzen der
Tarifautonomie tangieren, indem mehr oder weniger direkt unternehmerische Ent-
scheidungen hinsichtlich der Organisationsstruktur angeprangert werden, um eine
Verschlechterung der Arbeitsbedingungen zu verhindern. Auf diese Weise soll,
wenn auch letztlich vergeblich, ein Outsourcing bzw. eine separate Neugründung
unterbunden werden. Es gelingt bestenfalls nur die Umsetzung der Pläne zu ver-
zögern, da deren Realisierung ein Tätigkeitsfeld unternehmerischer Autonomie

ist. Bei der Lufthansa hat das LAG Hessen den Streik der Piloten daher für illegal erklärt. Vermutlich wird der Konflikt nicht völlig erfolglos gelöst, denn die Arbeitsstandards werden vielleicht weniger als ursprünglich geplant abgesenkt. Dazu kann auch die länderübergreifende Organisation der betreffenden Spartengewerkschaften beitragen. Der Differenzierungsprozess der Gewerkschaften scheint an Grenzen zu stoßen, denn negative Effekte können mittlerweile nicht ignoriert werden. Es werden neue Bündnisse möglich und nötig, um Verhandlungsmacht wieder zu stärken, zumal negative Folgen für die ArbeitnehmerInnen nur so zu begrenzen sind. Im Rückblick und aktuell zeigt sich, dass Konflikte zwischen Tarifautonomie und unternehmerischer Autonomie keineswegs ungewöhnlich sind. Die Versuche, die Grenze der Tarifautonomie zu verschieben, d. h. sie vonseiten der Gewerkschaften auszuweiten, sind situationsspezifisch geprägt. Bei der Post und der Lufthansa werden dabei einzelne bzw. mehrere Dimensionen des sozialen Wandels, wie ich sie eingangs bestimmt habe, grell beleuchtet.

Der Kita-Streik, der für die Beschäftigten außer einer Lohnerhöhung vor allem eine höhere Eingruppierung als Ausdruck gesellschaftlicher Anerkennung und Wertschätzung ihrer Tätigkeit erreichen sollte, war mithin offensiv angelegt. Hingegen waren die Streiks bei der Bahn, der Post und der Lufthansa eher defensiver Natur, denn über eine gewöhnliche Entgelterhöhung und/oder Arbeitszeitverkürzung hinaus wird der Status quo personell und strukturell von den ArbeitgeberInnen infrage gestellt. Der letzte Punkt ist wesentlicher Anlass der Streiks und befeuert sie, denn er stellt die Höhe bisheriger Entgelte, also die Einkommen und die betrieblichen Renten zur Disposition. Dabei erreichen die Entgelte der Lufthansa-Piloten bislang ein vergleichsweise hohes bis sehr hohes Niveau.

Der verschärfte nationale wie internationale Wettbewerb führt zu einem enormen Druck auf die Kosten und damit auf die Entgelte verbunden mit der Erwartung, den Aktienkurs und die Dividende zu steigern. Der Personalabbau bei der Bahn in den letzten Jahren orientierte sich an dem Ziel, das Unternehmen an die Börse zu bringen. Der in der Tarifverhandlung nun vereinbarte Beschäftigungszuwachs soll diese Politik korrigieren. Als zielführend, so von der Post und der Lufthansa praktiziert, werden jene Managementkonzepte angesehen, die seit den neunziger Jahren die Debatten weltweit – keineswegs kritiklos – dominieren: Im Kontext neoklassischer bzw. neoliberaler Politik wurden und werden Organisationsmodelle wie Lean Production und Lean Administration favorisiert. Durch nationales wie internationales Outsourcing werden Organisationen „schlanker" und Entgelte bzw. Kosten gesenkt. Das Konzept new public management führt ebenfalls beim Staat zu einer „Verschlankung", indem etwa kommunale Einrichtungen personenbezogener Dienstleistungen wie Krankenhäuser und Kindergärten ausgelagert, also privatisiert werden. Außerdem wurden und werden öffentliche Unternehmen wie die Lufthansa, die Post und die Bahn (teil)privatisiert. Neue Beschäftigte haben bei den beiden zuletzt genannten Unternehmen keinen Beamtenstatus mehr. Sie sind Angestellte mit Streikrecht. Schon bei nationalen Ausgründungen verschlechtern sich die Arbeitsbedingungen, vor allem beim Entgelt. Innovationen in der Informations- und Kommunikationstechnologie wie das Internet haben erst diesem „schlanken" Organisationsmodell zum globalen Sieg verholfen. Die internationale Vernetzung durch das Internet revolutioniert beispielsweise den geschäftlichen wie privaten Handel, d. h. die Güter erreichen den Produzenten just-in-time, sodass auf eine Lagerhaltung weitgehend verzichtet werden kann, dem Konsumenten werden die bestellten Waren kurzzeitig, innerhalb von Stunden oder wenigen Tagen geliefert. Diese Entwicklung hat den Aufstieg der Post zum einem globalen Logistik-Konzern und den der Lufthansa, vor allem die Lufthansa Cargo zu einer Logistik-Sparte für den weltweiten Frachttransport befördert. Automatisierungsversuche bzw. -tendenzen, so bei der Bahn oder Post, werden zukünftig die Beschäftigungschancen vermutlich verschlechtern.

Im internationalen Vergleich sieht sich Verdi im Kita-Streik mit einer Besonderheit des deutschen Arbeitsrechts konfrontiert. Diese Besonderheit wird zukünftig noch eine größere Rolle spielen, denn vermutlich ist der Kita-Streik erst der Beginn einer längerfristigen Auseinandersetzung um Fragen der Eingruppierung und mithin des Entgelts bei den personenbezogenen Dienstleistungen. Nirgendwo sonst existiert ein spezielles kirchliches Arbeitsrecht, das auf den Tendenzschutz zurückzuführen ist (vgl. Raehlmann 2013, S. 51 ff.; 155 f.). Dieser Schutz gilt auch für die Parteien und die Verbände der ArbeitnehmerInnen und ArbeitgeberInnen. Bei den personenbezogenen Dienstleistern, wozu außer ErzieherInnen auch die ArbeitnehmerInnen in der Kranken- und Altenpflege zählen, sind die beiden Kirchen mit weit mehr als einer Million Beschäftigten der nach dem Staat größte Arbeitgeber. In der Regel erwarten sie von ihren Arbeitskräften die Kirchenmitgliedschaft. Gleichwohl werden die Einrichtungen zum größten Teil aus dem allgemeinen Steueraufkommen, von der Kranken- und Pflegeversicherung sowie privat von den Betroffenen selbst und den Angehörigen finanziert. Sie nehmen seit den neunziger Jahren zu, da – wie bereits angemerkt – der Staat im Zuge von Lean Administration bislang öffentlich erbrachte Dienstleistungen privatisiert. Die „Verschlankung" scheint sich für ihn auch dann noch zu rechnen, wenn er ein solches Outsourcing überwiegend finanziert. So gewinnen die beiden Kirchen als Arbeitgeber zunehmend an Macht und Einfluss, obwohl die Anzahl der Mitglieder wie auch in anderen großen Organisationen (Parteien, Gewerkschaften) sinkt. In manchen Regionen haben sie bereits eine Monopolstellung errungen.

Besonders die katholische Kirche verlangt von ihren Beschäftigten eine Lebensführung nach der katholischen Sittenlehre. Verstöße dagegen wurden bislang mit einer Kündigung geahndet, so bei einer Wiederverheiratung Geschiedener und einer eingetragenen Partnerschaft gleichgeschlechtlicher Paare. Seit einiger Zeit deutet sich eine gewisse Liberalisierung an, die aber nicht allgemein verbindlich, d. h. rechtsverbindlich ist. In Aussicht gestellt wird eine Lösung von Fall zu Fall. Eine Kündigung soll nur noch als Ausnahme ausgesprochen werden.

Was aber in diesem Kontext vorrangig interessiert, ist eine weitere Besonderheit: Das Streikverbot für Beschäftigte in kirchlichen Einrichtungen. Es hat vor allem aufgrund der vorstehend erwähnten zunehmenden Privatisierung öffentlicher Einrichtungen gravierende Folgen, denn es betrifft eine wachsende Zahl von Beschäftigten und verringert so zunehmend die Zahl der potenziell Streikenden. Obwohl Verdi das Verbot immer wieder anprangert, wurde er im Kita-Streik, soweit ich sehe, ignoriert. Diese gewerkschaftliche Strategie erstaunt, denn Lohnfragen sind Machtfragen. Gewerkschaften erhalten Macht im Streik durch die Anzahl und Folgebereitschaft ihrer Mitglieder. Darüber sollte gleichwohl jene Macht nicht übersehen werden, die durch die jeweilige Verfasstheit der Wirtschaftsgesellschaft strukturell grundgelegt ist. Der Einfluss des Kapitals, der Ökonomie insgesamt – auch in internationaler Perspektive – ist also weit größer als der der Gewerkschaften, auch wenn diese einen hohen bzw. sehr hohen Organisationsgrad vorweisen können. Die mehr als eine Million Beschäftigte in den kirchlichen Einrichtungen kann diese notwendige Unterstützung im Streik im Prinzip nicht leisten, zumal die Motivation für eine gewerkschaftliche Mitgliedschaft gering sein dürfte. Das ist auch faktisch der Fall (vgl. Raehlmann 2013, S. 62). Über die Gründe der Zurückhaltung von Verdi lassen sich nur Vermutungen anstellen. Mit Niklas Luhmann kann von einer „Reduktion von Komplexität" gesprochen werden. Auf diese Weise sollte der Streik für Verdi möglicherweise beherrschbar bleiben. Angesichts der vielfach erwähnten Folgen von Streiks in den dienstleistenden Branchen erscheint diese situative Zurückhaltung plausibel, denn es wäre wahrscheinlich zu folgender paradoxen Situation gekommen: Die Eltern hätten die streikfreien Kitas mehr und mehr geschätzt und sie damit zugleich aufgewertet verbunden mit einem Zugewinn an Legitimation für das kirchliche Arbeitsrecht. Gleichwohl kann nicht ausgeschlossen werden, dass eine solche Aufwertung längst stattgefunden hat und weiterhin stattfindet. Damit haben die kirchlichen gegenüber den kommunalen und privaten Trägern einen zwar fragwürdigen, aber gleichwohl einen deutlichen Wettbewerbsvorteil. Am Streikverbot haben auch die jüngsten Urteile des BAG nichts geändert, die im Wesentlichen nur eine Beteiligung der Gewerkschaften in den Kommissionen verlangen, die über Arbeitszeit und Entgelt befinden. Gleichzeitig loben beide Kirchen die Tarifautonomie und die Tarifverhandlungen und fordern ihre Mitglieder und sogar ihre Beschäftigten auf, in die Gewerkschaften einzutreten, mitzuarbeiten und sich am Streik zu beteiligen, was ihnen – so die weitere Argumentation – ja indirekt, wenn auch zeitverzögert zugute komme (vgl. Drobrinski 2015, S. 5; Esslinger 2015e, S. 7). Um kein Missverständnis aufkommen zu lassen: Diese Aufforderung durch die Kirchen gilt selbstverständlich nicht für die „eigenen" Einrichtungen, die weiterhin nicht bestreikt werden dürfen. Diese Position der Kirchen kann als Ventil für das Streikverbot interpretiert werden. Mit anderen Worten: Sie soll das Defizit an Partizipation in den „eigenen" Organisationen vergessen lassen. Schon diese Haltung ist paradox und untergräbt die Glaubwürdigkeit der Kirchen weiter. Die Widersprüche potenzieren sich noch angesichts des folgenden Sachverhalts:

Die Kirchen betrachten ihre dienstleistenden Einrichtungen nicht als „normale" Arbeitsorganisationen, die sich mit der Entwicklung einer kapitalistischen Wirtschaftsgesellschaft gebildet haben und in denen Arbeitgeber und ArbeitnehmerInnen bei durchaus widersprüchlichen, aber auch gemeinsamen Interessen überwiegend konfliktfrei im Berufsalltag kooperieren. Immerhin begründet diese widersprüchliche Interessenlage und die strukturelle Schwäche des Faktors Arbeit gegenüber dem Faktor Kapital letztlich das Streikrecht. Die personenbezogenen Branchen des Dienstleistungssektors werden im Wesentlichen aufgrund des kulturellen Wandels, d. h. der zunehmenden Frauenerwerbstätigkeit weiter wachsen. Die diesbezüglichen Verbände der Kirchen, Caritas und Diakonie, sprechen von „Dienstgemeinschaft" und „Dienstgeber" bzw. „Dienstnehmer". Mit dem Leitbild „Gemeinschaft" – ein zentrales Merkmal der Unternehmenskultur – wird von strukturell gegensätzlichen Interessen abstrahiert, ja sie werden negiert und es wird suggeriert, die Arbeitsorganisation werde von Harmonie überstrahlt. Dieses Selbstverständnis der Kirchen hat vermutlich seinen Ursprung in den früheren betreuenden und pflegenden Leistungen der christlichen Orden. Nonnen und Mönche/Brüder verstanden und verstehen ihre Arbeit quasi als Gottesdienst. Von dieser religiösen Überhöhung kann heute auch in kirchlichen Einrichtungen nicht mehr ohne weiteres ausgegangen werden. Es mag einzelne Beschäftigte geben, die sich von einem solchen Arbeitsverständnis leiten lassen. Sie stellen sich damit bewusst in eine Tradition, die auf christlichen Werten gründet. So erinnert das in Deutschland überaus anerkannte Berufskonzept noch an Berufung als ein durchaus transzendentes Geschehen. Nach den Studien Max Webers (1965 [1920]) hat der Protestantismus eine Arbeitsethik ausgebildet, die dem aufkommenden Kapitalismus eine höchst geeignete Handlungsorientierung bot. Inzwischen hat sich diese Ethik aber zu einem Arbeitsverständnis weiter entwickelt, das als Kern ein durch und durch säkulares, allgemein akzeptiertes Leistungsprinzip enthält. Eine moderne, arbeitsteilige und leistungsorientierte Arbeitsorganisation mit einer großen Zahl von Beschäftigten, die sich als „Dienstgemeinschaft" versteht, setzt sich dem Vorwurf aus, ein institutionelles Selbstverständnis zu favorisieren, das zweifellos als ideologisch zu qualifizieren ist. Die Funktion von Ideologien besteht – in der Tradition aufklärerischen Denkens – nämlich darin, Macht und Herrschaft sowie darauf gerichtete Ansprüche der sozialen Kontrolle zu verschleiern, um sie – auch zukünftig – aufrecht erhalten und durchsetzen zu können (vgl. Lenk [Hrsg.] 1967). Hier haben Arbeitnehmerrechte, wie oben bereits erwähnt, bestenfalls eine rudimentäre Bedeutung. Von einer formal gleichberechtigten Teilhabe – auch durch eigene Interessenverbände – kann keine Rede sein. Die Legitimationsprobleme der Kirchen als Arbeitgeber sind bereits jetzt immens und werden meines Erachtens weiter zunehmen. Damit steigt auch das Konfliktpotenzial, denn die Beschäftigung in diesem Segment des Dienstleistungssektors wird weiter wachsen bei größerer kultureller und religiöser Vielfalt der Arbeitskräfte.

Damit stellt sich die Frage, wie dieser Legitimationskrise begegnet werden kann. Diese Krise ist gerahmt von einer Rechtsprechung des BVG und BAG, die im Wesentlichen die bisherige Praxis des kirchlichen Arbeitsrechts bestätigt. Sie ist damit eingebettet in Legalität. Es hat nicht den Anschein, dass der Gesetzgeber willens ist, daran etwas zu ändern, zumal eine solche Politik angesichts höchstrichterlicher Rechtsprechung vermutlich wenig Aussicht auf Erfolg hat. Zudem ist die Mehrzahl der Parteien nicht geneigt, sich darüber mit den beiden Kirchen auseinanderzusetzen und die diesbezüglichen Konflikte auszutragen, zumal sie in der Folge Wählerstimmen verlieren könnten. Immerhin profitieren sie auch selber vom Tendenzschutz. Ein Ausweg aus diesem Dilemma könnte sein, dass die Kirchen als zweitgrößter Arbeitgeber von sich aus Macht abgeben und das allgemeine Arbeitsrecht zukünftig auch in ihren Einrichtungen gelten lassen. Das könnte dann bedeuten, dass das kirchliche Arbeitsrecht eingeschränkt wird auf Personen und Institutionen, die unmittelbar mit der christlichen Verkündigung befasst sind und ihre Tätigkeit zu Recht als „Gottesdienst", als Dienst für Gott verstehen.

Abschließend bleibt noch die Zukunft des Tarifeinheitsgesetzes, das dem BVG vorliegt, zu erörtern. Vermutlich wird das Gesetz von den Richtern in seiner jetzigen Fassung nicht akzeptiert. Möglich ist, dass sich die Tarifvertragsparteien, Gewerkschaften und Arbeitgeberverbände, auf die Tarifautonomie als einer staatsfreien Arena besinnen und versuchen, autonom Regelungen zwischen den klassischen Branchen- und den neuen Spartengewerkschaften zu finden und zu erproben und schließlich auch mit den Arbeitgeberverbänden diesbezügliche Verfahren zur Konfliktlösung zu vereinbaren. Solche Vereinbarungen sind prinzipiell für Korrekturen offen. Vorstellbar ist, dass darin die Schlichtung eine herausgehobene Position erhält. Eine solche, auf die eigene Macht sich stützende autonome Regelung durch die Tarifvertragsparteien ist meines Erachtens einer staatlichen Intervention per Gesetz vorzuziehen.

Was Sie aus diesem *essential* mitnehmen können

- Das Streikrecht ist ein fundamentaler Baustein der demokratischen, sozialstaatlichen Architektur der Bundesrepublik Deutschland. Autoritäre und erst recht totalitäre Gesellschaftsordnungen mit einem kapitalistischen Wirtschaftssystem verweigern ihren ArbeitnehmerInnen dieses Recht.
- Die Tarifvertragsparteien, Gewerkschaften und Arbeitgeberverbände, haben sich in den letzten Jahrzehnten grundlegend verändert, was auch für die Institution Tarifvertrag gilt. Die Zahl der Tarifverträge sinkt und folglich ist die Tarifautonomie mit einem Bedeutungsverlust konfrontiert.
- Im Zuge des gesellschaftlichen Strukturwandels wächst der Dienstleistungssektor. Diese Tatsache lässt sich auch ablesen an der zunehmenden Zahl von Streiks, vor allem in den Branchen der gesellschaftlichen Infrastruktur. Diese Streiks haben direkte Folgen für die Gesellschaft insgesamt und vor allem für die Alltagsorganisation ihrer erwerbstätigen BürgerInnen.
- In den Branchen der gesellschaftlichen Infrastruktur (Post, Bahn, Flugverkehr), die vorrangig von Outsourcing auch im Zuge globaler Vernetzung betroffen sind, geht es in den Streiks vor allem darum, bislang erreichte Standards der Arbeitsbedingungen für die Zukunft zu sichern. Dieses Ziel lässt sich kaum realisieren.
- Die wachsende Frauenerwerbstätigkeit beschert den Branchen personenbezogener Dienstleistungen einen Aufschwung. Der in quantitativer und qualitativer Hinsicht enorme Bedeutungszuwachs fördert bei den in der Mehrzahl weiblichen Beschäftigten für die gesellschaftliche Anerkennung und Wertschätzung ihrer Arbeit zu streiten. Deren Forderung manifestiert sich in Streiks um eine höhere Eingruppierung, also um ein prinzipiell höheres Entgelt. Das kirchliche Arbeitsrecht verwehrt den Beschäftigten in den Einrichtungen von Caritas und Diakonie das Streikrecht.

© Springer Fachmedien Wiesbaden 2017
I. Raehlmann, *Streik im Wandel*, essentials,
DOI 10.1007/978-3-658-15290-1

Literatur

Bauchmüller, Michael. 2015. Mit Gruß an die GDL. *Süddeutsche Zeitung,* 28. Mai, Nr. 120, S. 5.

Bauer, Jobst- Hubertus. 2015. Neue Töne im Arbeitskampfrecht. *Süddeutsche Zeitung,* 21. September, Nr. 217, S. 18.

Berger, Johannes. 2013. *Kapitalismusanalyse und Kapitalismuskritik.* Wiesbaden: Springer VS.

Bialdiga, Kirsten. 2015. Was für ein Champion. *Süddeutsche Zeitung,* 15. Mai, Nr. 110, S. 2.

Bohsem, Guido. 2015. Antwort postwendend. *Süddeutsche Zeitung,* 10. Juni, Nr. 130, S. 2.

Bourdieu, Pierre. 1982. *Die feinen Unterschiede. Kritik der gesellschaftlichen Urteilskraft.* Frankfurt a. M.: Suhrkamp.

Brühl, Jannis, und Detlef Esslinger. 2015. Wenn der Postmann sonntags liefert. *Süddeutsche Zeitung,* 23. Juni, Nr. 141, S. 21.

Bund, Kerstin, und Kolja Rudzio. 2010. Ein Prinzip wird beerdigt. *Die Zeit,* 1. Juli, Nr. 27, S. 26.

Burfeind, Sophie. 2016. Einigung bei Lufthansa. *Süddeutsche Zeitung,* 6. Juli, Nr. 154, S. 20.

Busse, Caspar. 2015. 52 heiße Tage. *Süddeutsche Zeitung,* 7. Juli, Nr. 153, S. 19.

Dettmer, Markus, und Cornelia Schmergal. 2014. Wie du mir, so ich dir. *Der Spiegel,* Nr. 42, S. 76/77.

Dörre, Klaus. 2011. Funktionswandel der Gewerkschaften. Von der intermediären zur fraktalen Organisation. In *Gewerkschaftliche Modernisierung,* Hrsg. Thomas Haipeter und Klaus Dörre, 267–298. Wiesbaden: Springer VS.

Dribbusch, Heiner. 2011. Organisieren am Konflikt. Zum Verhältnis von Streik und Mitgliederentwicklung. In *Gewerkschaftliche Modernisierung,* Hrsg. Thomas Haipeter und Klaus Dörre, 231–263. Wiesbaden: Springer VS.

Drobrinski, Matthias. 2015. Biblische Wertschätzung. Die EKD erkennt schwere Mängel in der modernen Arbeitswelt. *Süddeutsche Zeitung,* 29. April, Nr. 98, S. 5.

Esslinger, Detlef. 2015a. Fluch der Erwartungen. *Süddeutsche Zeitung,* 7. Juli, Nr. 153, S. 4.

Esslinger, Detlef. 2015b. Post-Mitarbeiter streiken. *Süddeutsche Zeitung,* 9. Juni, Nr. 129, S. 22.

© Springer Fachmedien Wiesbaden 2017
I. Raehlmann, *Streik im Wandel,* essentials,
DOI 10.1007/978-3-658-15290-1

Esslinger, Detlef. 2015c Beamte im Kampf gegen Verdi. *Süddeutsche Zeitung*, 15. Mai, Nr. 110, S. 2.

Esslinger, Detlef. 2015d. Der härteste Tarifstreit bei der Post ist zu Ende. *Süddeutsche Zeitung*, 6. Juli, Nr. 152, S. 1.

Esslinger, Detlef. 2015e. Ganz ohne Streik. *Süddeutsche Zeitung*, 12./13. Dezember, Nr. 287, S. 7.

Esslinger, Detlef, und Heribert Prantl. 2015. Lokführer seht die Signale. *Süddeutsche Zeitung*, 20. Mai, Nr. 114, S. 2.

Esslinger, Detlef, und Ulrike Heidenreich. 2015. Lösung im Kita-Streik. *Süddeutsche Zeitung*, 24. Juni, Nr. 142, S. 1.

Esslinger, Detlef. 2016. Zu Lande und in der Luft. *Süddeutsche Zeitung*, 4. März, Nr. 53, S. 5.

Flottau, Jens. 2015. Kaum lösbare Aufgabe. *Süddeutsche Zeitung*, 13. Juli, Nr. 158, S. 17.

Flottau, Jens. 2016. Kompromisse im Stillen. *Süddeutsche Zeitung*, 23./24. Januar, Nr. 18, S. 30.

Fürstenberg, Friedrich, Irmgard Hermann-Strojanov, und Jürgen P. Rinderspacher Hrsg. 1999. *Der Samstag. Über Entstehung und Wandel einer modernen Zeitinstitution.* Berlin: Sigma.

Habermas, Jürgen. 1985. *Die Neue Unübersichtlichkeit.* Frankfurt a. M.: Suhrkamp.

Hartz, Peter. 2013. „Ich polarisiere immer noch" (Interview). *Süddeutsche Zeitung*, 15. November, Nr. 264, S. 17.

Heidenreich, Ulrike. 2015a. Mehr Geld, mehr Personal. *Süddeutsche Zeitung*, 24. Juni, Nr. 142, S. 5.

Heidenreich, Ulrike. 2015b. Mehr Geld für Kita-Erzieherinnen. *Süddeutsche Zeitung*, Nr. 226, S. 1.

Kocsis, Andrea. 2015a. „Gut geschützt" (Interview). *Süddeutsche Zeitung*, 8. Juli, Nr. 154, S. 19.

Kocsis, Andrea. 2015b. „Ein ungeheuerlicher Vorgang" (Interview). *Mitbestimmung*, Nr. 3, S. 31/32.

Krol, Gerd-Jan, und Alfons Schmid. 2002. *Volkswirtschaftslehre. Eine problemorientierte Einführung*, 21. Aufl. Tübingen: Mohr Siebeck.

Kurz-Scherf, Ingrid, und Gisela Breil Hrsg. 1987. *Wem gehört die Zeit. Ein Lesebuch zum 6-Stunden-Tag.* Hamburg: VSA.

Kutsch, Thomas, und Fritz Vilmar Hrsg. 1983. *Arbeitszeitverkürzung. Ein Weg zur Vollbeschäftigung.* Opladen: Westdeutscher.

Lenk, Kurt Hrsg. 1967. *Ideologie, Ideologiekritik und Wissenssoziologie*, 3. Aufl. Berlin: Luchterhand.

Marx, Karl. (1964 [1867]). Das Kapital. Berlin: Dietz.

Müller-Jentsch, Walther. 1997. *Soziologie der industriellen Beziehungen*, 2. Aufl. Frankfurt a. M.: Campus.

Müller-Jentsch, Walther, und Peter Ittermann. 2000. *Industrielle Beziehungen. Daten, Zeitreihen, Trends 1950–1999.* Frankfurt a. M.: Campus.

Müller-Jentsch, Walther. 2007. *Strukturwandel der industriellen Beziehungen. ‚Industrial Citizenship' zwischen Markt und Regulierung.* Wiesbaden: Springer VS.

Notz, Gisela. 1985. Mehr Zeit zum Schaffen, Träumen, Kämpfen. Für eine feministische Arbeitszeitpolitik. In *Arbeit zwischen Gift und Grün. Kritisches Gewerkschaftsjahrbuch*

1985, Hrsg. Eckart Hildebrandt, Eberhard Schmidt und Hans Joachim Sperling, 127–137. Berlin: Rotbuch.

Pirker, Theo. 1979, Nachdruck d. Ausgabe v. 1960. *Die blinde Macht. Teil 1 und 2*. Berlin: Olle & Wolter.

Öchsner, Thomas. 2015a. Halt auf offener Strecke. *Süddeutsche Zeitung*, 27./28. Juni, Nr. 145, S. 7.

Öchsner, Thomas. 2015b. Willkommen im Normalbetrieb. *Süddeutsche Zeitung*, 2. Juli, Nr. 149, S. 21.

Raehlmann, Irene. 1975. *Der Interessenstreit zwischen DGB und BdA um die Ausweitung der qualifizierten Mitbestimmung. Eine ideologiekritische Untersuchung*. Köln: Bund.

Raehlmann, Irene. 1997. Geschlecht. In *Handbuch Arbeitswissenschaft*, Hrsg. Holger Luczak und Walter Volpert, 296–299. Stuttgart: Schäffer-Poeschel.

Raehlmann, Irene. 2004. *Zeit und Arbeit*. Wiesbaden: Springer VS.

Raehlmann, Irene. 2007. *Innovationen in Arbeits- und Alltagswelt. Voraussetzungen – Wirkungen – Barrieren*. Göttingen: Vandenhoeck & Ruprecht.

Sattelberger, Thomas. 2015. „Sie schießen sich ins eigene Knie" (Interview). *Die Zeit*, 12. November, Nr. 46, S. 25.

Schauer, H., H. Dabrowski, U. Neumann, und H.J. Sperling. 1984. *Tarifvertrag zur Verbesserung industrieller Arbeitsbedingungen. Arbeitspolitik am Beispiel des Lohnrahmentarifvertrags II*. Frankfurt a. M.: Campus.

Schmidt, Eberhard. 1971. *Ordnungsfaktor oder Gegenmacht. Die politische Rolle der Gewerkschaften*. Frankfurt a. M.: Suhrkamp.

Schumann, Michael, Frank Gerlach, Albert Gschlössl, und Petra Milhoffer. 1971. *Am Beispiel der Septemberstreiks – Anfang der Rekonstruktionsperiode der Arbeiterklasse?*. Frankfurt a. M.: Europäische Verlagsanstalt.

Smith, Adam. (2009 [1776]). Untersuchungen über das Wesen und die Ursachen des Volkswohlstandes (Der Wohlstand der Nationen). Frankfurt a. M.: Zweitausendeins.

Spohr, Carsten. 2015. „Das gehört zu meinem Leben" (Interview). *Die Zeit*, 23. Dezember, Nr. 52, S. 30/31.

Steinkühler, Franz. (1978 [1977]). Die Durchsetzung und Anwendung des Lohnrahmentarifvertrags II. In *Werktage werden besser*, Hrsg. Vorstand der IG Metall, 21–55. Köln: Europäische Verlagsanstalt.

Süddeutsche Zeitung. 2014. 3. Juni, Nr. 126, S. 19.

Süddeutsche Zeitung. 2015. 30. Oktober, Nr. 250, S. 6.

Süddeutsche Zeitung. 2016. 1. April, Nr. 75, S. 21.

Taylor, Frederick Winslow. 1919. *Die Grundsätze wissenschaftlicher Betriebsführung*. München: Oldenbourg.

Weber, Max. (1965 [1920]). *Die protestantische Ethik*. München: Siebenstern.

Weber, Max. (1964 [1921]). *Wirtschaft und Gesellschaft*, Bd. 2. Köln: Kiepenheuer & Witsch.

Wikipedia DGB. 2016. https://de.wikipedia.org/wiki/Deutscher_Gewerkschaftsbund. Zugegriffen: 8. Aug. 2016.

Witsch, Kathrin. 2016. Postbote auf sechs Rädern. *Die Zeit*, 6. Oktober, Nr. 42, S. 25.

Printed in the United States
By Bookmasters